AF126052

Evangelische Synode

Liederbuch für Sonntagschulen

Evangelische Synode

Liederbuch für Sonntagschulen

ISBN/EAN: 9783743324497

Hergestellt in Europa, USA, Kanada, Australien, Japan

Cover: Foto ©Lupo / pixelio.de

Manufactured and distributed by brebook publishing software
(www.brebook.com)

Evangelische Synode

Liederbuch für Sonntagschulen

Liederbuch

für

Sonntagsschulen.

—

Herausgegeben

von der

deutschen evangelischen Synode von
Nord-Amerika.

—◆—

St. Louis, Mo.

Entered according to Act of Congress, in the year 1882.
By REV. R. WOBUS,
In trust for the German Evang. Synod of North America,
In the Office of the
Librarian of Congress, at Washington, D. C.

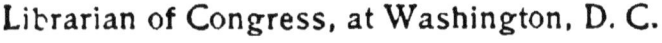

Inhalts-Register.

Die mit † bezeichneten Lieder gehen nach Choral-
melodien.

Advent.

Weihnachten.

Jahresschluß und Neujahr.

Passion.

Ostern.

Himmelfahrt.

Königthum Christi.

Wiederkunft Christi.

Pfingsten.

Trinitatis.

Kirche.

Kirchliche und brüderliche Gemeinschaft.

Taufe.

Confirmation.

Allerlei geistliche, liebliche Lieder.

Die himmlische Heimath.

Begräbniß.

Am Morgen.

Am Abend.

Bei Tische.

Gottes Herrlichkeit in der Natur.

Jahreszeiten.

Bei Ausflügen.

Alphabetisches Register.

L.=V. f. S. S. 2

XIV

Eingangssprüche.

—◆—

a. Der Herr ist in seinem heiligen Tempel — es sei vor ihm stille alle Welt.

b. Der Herr, unser Gott, sei uns freundlich — und fördere das Werk unserer Hände bei uns. Ja, das Werk unserer Hände wolle er fördern.

c. O Herr, hilf! — o Herr, laß wohlgelingen.

d. Es segne uns Gott, unser Gott — und alle Welt fürchte ihn!

e. Unsere Hülfe stehet im Namen des Herrn — der Himmel und Erde gemacht hat.

f. Herr, thue meine Lippen auf — daß mein Mund deinen Ruhm verkündige.

——◆◆◆——

1. Das ist eine sel'ge Stunde.

1. Das ist eine sel'ge Stunde,
Jesu, da man dein gedenkt
Und sich recht von Herzensgrunde
Tief in dein Erbarmen senkt.
Wahrlich, nichts als Jesum kennen,
Jesum suchen, finden, nennen,
Das erfüllet unsre Zeit
Mit der höchsten Seligkeit.

2. Jesu, deine Gnadenquelle
Fließt so gern in's Herz hinein.
Deine Sonne scheinet helle,
Unser Glaubenslicht zu sein.
Und bei aller Segensfülle
Ist dein Wunsch und ernster Wille:
Daß man, weil dein Brünnlein voll,
Unaufhörlich schöpfen soll.

3. Nun, so wollst auch diese Stunde
Du in unsrer Mitte sein.
In dem Herzen, in dem Munde
Leb' und herrsche du allein.
Laß uns deiner nie vergessen!
Wie Maria still gesessen,
Da sie dir hat zugehört,
Also mach uns eingekehrt!

1

2. O komm doch, Herr Jesu.

1. O komm doch, Herr Jesu, tritt zu uns
   herein,
Laß in dieser Stunde uns ja nicht allein;
Nur du kannst uns segnen, so komme denn
   gleich;
Tritt ein in die Mitte, sprich: Friede mit euch!

2. Wir sind deiner Gnade zwar alle nicht
   werth;
Doch glauben dem Wort wir, das du uns ge-
   lehrt:
Wo in deinem Namen nur zwei oder drei
Versammelt sind, seist du gewißlich dabei.

3. Nun ist es geschehen!

1. Nun ist es geschehen! Ich bin nicht mehr
   mein,
Des Herrn will ich immer und ewiglich sein!
Er hat mich erschaffen, er hat mich erkauft,
Er hat mich zum Kinde der Gnade getauft.

2. Nun ist es geschehen! O seliger Bund!
Ich weih' mich dem Heiland mit Herz und mit
   Mund
Zum Reden und Schweigen nach seinem Ge-
   heiß,
Zum Singen und Beten, ihm einzig zum
   Preis.

2

3. Nun ist es geschehen! Nun lebe ich dir,
Mein Licht und mein Leben; ach, bleibe bei
mir!
So folg' ich als Jünger dir immerdar nach
Durch Süß und durch Bitter, durch Ehre und
Schmach.

4. Nun ist es geschehen! Mein Heiland, es
gelt'!
In deine Hand hab' ich mich gänzlich gestellt.
Dir leb' ich, dir sterb' ich, dir bleib' ich getreu;
Ja, dein bin ich, Jesu — es bleibe dabei.

4. Seelenfreund und Herzensmeister.

1. Seelenfreund und Herzensmeister,
Lehrer, Licht und Heil der Geister,
Wie Maria ich mich still
Bei dir niedersetzen will.

2. Menschenweisheit ist Gewirre,
Unser Denken krank und dürre;
Deine Salbung flößt allein
Wahrheit, Kraft und Leben ein.

3. Sammle mein zerstreutes Denken,
In dein Herz will ich mich senken,
Dich ansehn, dir innig ruhn,
Wie die frommen Kinder thun.

4. Mark der Wahrheit, Lebenskräfte,
Lust zum heiligen Geschäfte
Flößt dein Mund Unmünd'gen ein.
Laß auch mich so selig sein!

5. Jesu, Brunn des ew'gen Lebens.

1. Jesu, Brunn des ew'gen Lebens,
Stell', ach stell' dich bei uns ein;
Laß uns nun und nie vergebens
Wirken und beisammen sein.

2. Du verheißest ja den Deinen,
Daß du wollest Wunder thun
Und in ihrer Mitt' erscheinen;
Ach erfüll's, erfüll's auch nun.

3. Herr, wir tragen deinen Namen,
Herr, wir sind auf dich getauft,
Denn du hast zu deinem Samen
Uns mit deinem Blut erkauft.

4. O, so laß uns dich erkennen,
Komm, erkläre selbst dein Wort,
Daß wir dich recht Meister nennen
Und dir folgen fort und fort.

5. Lehr' uns singen, lehr' uns beten,
Hauch' uns an mit deinem Geist,
Daß wir vor den Vater treten,
Wie's dein Mund die Kinder heißt.

6. O ja, laß uns Christen werden,
Christen, die ein Licht der Welt,
Christen, die ein Salz der Erden,
Wie's dem Vater wohlgefällt.

6. Lieber Vater hoch im Himmel.

1. Lieber Vater, hoch im Himmel,
Merk' auf deines Kindes Flehn!
Laß mich heut und alle Tage,
Herr, in deinem Segen stehn!

2. Meine Sonn' ist deine Gnade
Und dein Wort der Himmelsthau,
Der mich nähret und erquicket,
Gleich den Blumen auf der Au.

3. Alles hast du ja in Händen,
Und du weißt, was mir gebricht,
O so gib aus deiner Fülle,
Gib mir, Herr, von deinem Licht.

4. Mich dein guter Geist regiere,
Lehre mich gehorsam sein;
Führe mich auf deinen Wegen,
Herr, in deinen Himmel ein!

7. O Herr, versammelt sind wir hier.

1. O Herr, versammelt sind wir hier,
Wie Kinder um ein Licht,
Zu hören, was dein Wort von dir
‖: Zu unsern Herzen spricht. :‖

2. O gieb uns, wie der Lydia,
Ein offenes Herz und Ohr,
Und sei du selber bei uns da,
‖: Dring' durchs verschloss'ne Thor. :‖

5

3. Wir wollen hören, rede du
Durch deines Wortes Laut.
Du schließest dem dein Wort nicht zu,
‖: Der gerne sich erbaut.:‖

4. Ach bleib' bei uns, Herr Jesu Christ,
In dieser Abendzeit,
Und bis es heller Morgen ist
‖: In sel'ger Ewigkeit.:‖

8. Des Christen Schmuck und Ordensband.

1. Des Christen Schmuck und Ordensband,
Das ist das Kreuz des Herrn;
Und wer erst seinen Werth erkannt,
‖: Der trägt es froh und gern.:‖

2. Man nimmt's mit Demuth, trägt's mit Lust
Und achtet's für Gewinn;
Doch trägt man es nicht auf der Brust,
‖: O nein, man trägt es drin.:‖

3. Und wenn's auch schmerzt und wenn's
auch drückt,
Bleibt man doch glaubensvoll;
Man weiß ja wohl, wer's uns geschickt,
‖: Und was es wirken soll.:‖

4. Man trägt es auch nur kurze Zeit,
Blos als ein Unterpfand
Für das zukünft'ge Ehrenkleid
‖: Im lieben Vaterland.:‖

9. Stell' dich ein in unsrer Mitte.

1. Stell' dich ein in unsrer Mitte,
Vater, Sohn und heil'ger Geist.
Höre unsre schwache Bitte,
Weil du selbst uns beten heißt.
‖: O erhör' uns, Heiliger Dreieiniger. :‖

2. Wir sind hier in deinem Namen,
Dir zur Ehr', nach Kinder Art.
Schließ' in Liebe uns zusammen,
Zeig uns deine Gegenwart.
‖: O erhör' 2c. :‖

3. Dank sei dir für deinen Segen,
Dank für deinen Sabbathtag.
Bring' uns wieder Heil entgegen,
Daß die Seele laben mag.
‖: O erhör' 2c. :‖

4. Laß dein Wort an uns gedeihen,
Segne du den Unterricht,
Daß ein Jedes sich kann freuen
In Erfüllung seiner Pflicht.
‖: O erhör' 2c. :‖

5. Bring' uns friedlich hier zusammen
Jeden Sabbathtag mit Lust,
Zünde neue Liebesflammen
Reiner stets in jeder Brust.
‖: O erhör' 2c. :‖

10. Herr, entlaß uns mit dem Segen.

Herr, entlaß uns mit dem Segen,
Den du uns verheißen hast.
Führ' uns deine Liebeswege;
Außer dir ist keine Rast.
O erquick' uns, arme Pilger dieser Welt
Hallelujah, Hallelujah, Amen.

11. Ach bleib' mit deiner Gnade.

1. Ach bleib' mit deiner Gnade
Bei uns, Herr Jesu Christ,
Daß uns hinfort nicht schade
Des bösen Feindes List.

2. Ach bleib' mit deinem Worte
Bei uns, Erlöser werth,
Daß uns beid', hier und dorte,
Sei Güt' und Heil beschert.

3. Ach bleib' mit deinem Glanze
Bei uns, du werthes Licht.
Dein' Wahrheit uns umschanze,
Damit wir irren nicht.

4. Ach bleib mit deinem Segen
Bei uns, du reicher Herr.
Dein' Gnad' und all' Vermögen
In uns reichlich vermehr'.

5. Ach bleib' mit deinem Schutze
Bei uns, du starker Held,
Daß uns der Feind nicht trutze,
Noch fäll' die böse Welt.

6. Ach bleib' mit deiner Treue
Bei uns, du Herr und Gott.
Beständigkeit verleihe,
Hilf uns aus aller Noth.

12. Gnade, Fried' und Segen

1. Gnade, Fried' und Segen
Schenke uns der Herr,
Bis nach rauhen Wegen
Wir am gläsern Meer
Gottes Harfen schlagen,
Wo uns Christi Blut
Freigemacht von Plagen,
Wo die Seele ruht.

2. Geht's auch oft beschwerlich,
Es wird dennoch geh'n!
Droben ist es herrlich,
Wo wir Jesum seh'n
In der Königskrone,
Ihn, der für uns starb,
Dem zum Schmerzenslohne
Uns der Vater gab.

3. Jesu, schenk' uns Kräfte,
Mach' uns gänzlich dein,

Unsre Seelen hefte
Nur auf dich allein,
Daß uns nichts mehr bleibe,
Als nur du allein;
Eigenes zerstäube,
Bis du's ganz wirst sein!

13. Gottes süße Liebe.

1. Gottes süße Liebe,
Gottes frommes Herz,
Ziehe meine Triebe
Alle himmelwärts!
Unten sind nur Thränen,
Ist nur eitel Lug,
Ungestilltes Sehnen,
Täuschung nur und Trug.

2. Unten ist nur Mühe,
Wenn's am Besten ist,
Haber spät und frühe,
Daß man dein vergißt.
Alle, gleich den Blinden,
Tappen ungewiß,
Können dich nicht finden
In der Finsterniß.

3. O du reiche Quelle,
Brunnen jeder Lust,
Mache mir es helle,
Hell in Aug' und Brust!
Ziehe, süße Liebe,

Mich hinauf zum Licht,
Alle meine Triebe,
All' mein Angesicht.

4. Gottes Liebe, ziehe
Mich in dich hinein,
Daß ich hier schon glühe
Wie ein Himmelsschein;
Daß ich gleich der Lerche
Flieg' in's Sternenhaus,
Ueber Thal und Berge
Und die Welt hinaus.

14. Unsern Ausgang segne Gott.

Unsern Ausgang segne Gott,
Unsern Eingang gleichermaßen;
Segne unser täglich Brot,
Segne unser Thun und Lassen;
Segne uns mit sel'gem Sterben
Und mach' uns zu Himmelserben.

15. Herr, segne uns du.

1. Herr, segne uns du, gib Frieden und Ruh',
Behüt' uns vor allen Gefahren.

2. Laß dein Angesicht mit himmlischem Licht
Und Freundlichkeit leuchten uns Kindern!

3. Dein Antlitz erheb' auf uns und beleb'
O heiliger Geist, unsre Seelen!

4. So werden wir dein in Ewigkeit sein.
O Jesu, sag: Amen, ja Amen!

5. O Jesu, dein Blut komm uns auch zu gut,
Da du es für Sünder vergossen!

6. Wer, Jesu, dich liebt, dir treu sich ergibt,
Wird reichlich und ewig gelabet.

16. Wirf Sorgen und Schmerz.

1. Wirf Sorgen und Schmerz in's liebende
Des mächtig dir helfenden Jesu!   [Herz

2. Wenn Kummer dich quält, wenn Alles dir
So flehe zu deinem Erbarmer!   [fehlt,

3. Er leichtert die Last voll Mitleid und faßt
Und hebt sie mit mächtigen Händen.

4. Mild ist er und weich, sein Segen macht
reich,
Sein Wort gibt dir himmlischen Frieden.

5. Er schützt dich und wacht, drum laß dich die
Nacht
Des Leidens und Todes nicht schrecken.

6. Hab' ihn zum Gewinn! Das Leben fließt
Zum Ziel deiner ewigen Ruhe.   [hin

7. So leide jetzt gern; — beim freundlichen
Erquicken dich Ströme der Wonne. [Herrn

17. Die Gnade unsers Herrn Jesu Christi.

Die Gnade unsers Herrn Jesu Christi
Und die Liebe Gottes
Und die Gemeinschaft des heil'gen Geistes
Sei mit uns Allen, mit uns Allen, Amen.

18. Danket dem Herrn!

1. Danket dem Herrn!
Wir danken dem Herrn,
Denn er ist freundlich
Und seine Güte währet ewiglich.
||: Sie währet ewiglich. :||

2. Lobet den Herrn!
Ja, lobe den Herrn
Auch meine Seele.
Vergiß es nicht,
||:Was er dir Gut's gethan.:||

3. Sein ist die Macht!
Allmächtig ist Gott.
Sein Thun ist weise,
Und seine Huld
||:Ist jeden Morgen neu.:||

4. Groß ist der Herr!
Ja, groß ist der Herr.
Sein Nam' ist heilig,
Und alle Welt
||:Ist seiner Ehre voll.:||

5. Anbetung ihm!
Anbetung dem Herrn.
Mit froher Ehrfurcht,
Werd' auch von uns
‖:Sein Name stets genannt.:‖

6. Lobsinget ihm!
Wir lobsingen ihm,
In frohen Chören,
Und er vernimmt
‖:Auch unsern Lobgesang.:‖

19. Unser Gott ist lauter Liebe.

1. Unser Gott ist lauter Liebe;
Kinder, kommt und betet an!
Stimmet ihm aus reinem Triebe
Euer Loblied freudig an.

2. Aus dem Munde kleiner Kinder
Hört er Dankeslieder gern.
Kommt, o kommt, ihr lieben Kinder,
Lobet unsern guten Herrn!

3. Ist's auch schwach und unvollkommen,
Wenn der Wille nur ist gut;
Droben wird es besser kommen,
Darum habt nur guten Muth.

4. Droben in der Engel Chöre
Stimmen wir einst Alle ein:
„Lob, Anbetung, Preis und Ehre!"
Welche Wonne wird das sein!

20. Dankt dem Herrn! Mit frohen Gaben.

1. Dankt dem Herrn! Mit frohen Gaben
Füllet er das ganze Land.
Alles, Alles, was wir haben,
Kommt aus seiner Vaterhand.

2. Dankt dem Herrn! Er gibt uns Leben,
Gibt uns Nahrung und Gedeih'n
O, wer woll't ihn nicht erheben
Und sich seiner Güte freu'n?

3. Dankt dem Herrn! Vergiß, o Seele,
Deines guten Vaters nie;
Werd' ihm ähnlich und erzähle
Seine Wunder spät und früh.

21. Großer Gott, wir loben dich.

1. Großer Gott, wir loben dich,
Herr, wir preisen deine Stärke.
Vor dir neigt der Himmel sich
Und bewundert deine Werke.
Wie du warst zu aller Zeit,
So bleibst du in Ewigkeit.

2. Alles, was dich preisen kann,
Cherubim und Seraphinen,
Stimmen dir ein Loblied an.

Alle Engel, die dir dienen,
Rufen dir stets ohne Ruh`:
Heilig, heilig, heilig! 3u.

3. Der Apostel Christi Schaar,
Der Propheten große Menge
Schickt zu deinem Thron empor
Neue Lob= und Dankgesänge.
Der Blutzeugen große Schaar
Lobt und preist dich immerdar.

4. Auf dem ganzen Erdenkreis
Loben Große und auch Kleine.
Dir, Gott Vater, dir zum Preis
Singt die heilige Gemeine.
Sie ehrt auch auf deinem Thron
Deinen eingebornen Sohn.

5. Sie verehrt den heil'gen Geist,
Welcher uns mit seinen Lehren
Und mit Troste kräftig speist,
Der, o König aller Ehren,
Eins mit dir, Herr Jesu Christ,
Eins auch mit dem Vater ist.

6. Steh', Herr, deinen Kindern bei,
Welche dich in Demuth bitten,
Die dein Blut dort machte frei,
Da du für uns hast gelitten.
Nimm uns nach vollbrachtem Lauf
Zu dir in den Himmel auf.

22. Hallelujah! Jesus lebt.

1. Hallelujah! Jesus lebt,
Jesus ist vom Grab erstanden.
Die ihr in der Angst geschwebt,
Seht, hier ist der Trost vorhanden.
Nehmt an dieser Freude Theil,
Jesus lebet, unser Heil.

2. Nun ist die Gerechtigkeit
Uns erworben und geschenket.
Sünde, du bracht'st Herzeleid,
Nun bist du in's Meer versenket.
Tod, uns schreckte deine Nacht,
Aber du bist umgebracht.

3. Jesus lebt, wir leben mit,
Denn Gott hat uns ihm gegeben.
Das ist ja ein sel'ger Schritt:
Aus dem Tode in das Leben!
Mein Herz glaubt's und freuet sich,
Jesus lebet auch für mich.

4. Hallelujah! Jesus lebt
Und ich sing' zu seinen Füßen.
Wenn man morgen mich begräbt,
Will ich keinen Trost sonst wissen.
Künftig sing' ich vor dem Thron:
Hallelujah, Gottessohn!

23. Lobt froh den Herrn, ihr jugendlichen Chöre.

1. Lobt froh den Herrn, ihr jugendlichen
   Chöre,
   Er hört so gern ein Lied zu seiner Ehre,
   Lobt froh den Herrn, lobt froh den Herrn.

2. Es schall' empor zu deinem Heiligthume
   Aus unserm Chor ein Lied zu deinem
   Ruhme,
   Du, der sich Kinder auserkor.

3. Vom Preise voll laß unser Herz dir singen!
   Das Loblied soll zu deinem Throne bringen,
   Das Lob, das uns'rer Seel' entquoll.

4. Wir stammeln hier, doch hörst du unser
   Lallen
   Und läßst es dir in Gnaden wohlgefallen.
   Dir jauchzen wir, bir singen wir.

5. Einst kommt die Zeit, wo wir auf tausend
   Weisen —
   O Seligkeit! — dich, unsern Vater, preisen
   Von Ewigkeit zu Ewigkeit!

24. Lobt froh den Herrn am schönen Osterfeste!

1. Lobt froh den Herrn am schönen Osterfeste!
   Ein Jedes bringe Lob auf's allerbeste,
   Lobt froh den Herrn! Lobt froh den Herrn!

2. Mein Jesus lebt! Vom Grab' ist er er-
   standen.
   O rühmt und preist es laut in allen Landen:
   Mein Jesus lebt! Mein Jesus lebt!

3. Hallelujah! Auch mir wird er einst geben,
   In sel'ger Himmelsfreud' mit ihm zu leben.
   Hallelujah! Hallelujah!

25. Lobsingt dem Herrn.

1. Lobsingt dem Herrn! Lobsinget ihm mit
   Freuden!
   Der Herr ist gut! Er segnet uns mit
   Freuden,
   ‖: Hört unser Fleh'n und hilft uns gern. :‖

2. Der Herr ist groß! Er zählt das Heer der
   Sterne,
   Er sendet uns sein Licht aus blauer Ferne,
   ‖: Er hält den Sturm, er läßt ihn los. :‖

3. Der Herr ist treu! Er herrscht voll Kraft
   und waltet,
   Wenn auch vor ihm der Weltenbau veraltet,
   ‖: Er wirkt, sein Odem macht ihn neu. :‖

4. Der Herr ist gut! Sein Name ist Erbarmen.
   Er trägt die Welt in seinen Vaterarmen.
   ‖: Lobsingt dem Herrn! Hallelujah! :‖

26. Nun danket all' und bringet Ehr'.

1. Nun danket all' und bringet Ehr',
Ihr Menschen in der Welt,
Dem, dessen Lob der Engel Heer
||:Im Himmel stets vermeld't,:||
Dem, dessen Lob der Engel Heer
Im Himmel stets vermeld't.
Dort ist das Lob ewig, ewig, ewig,
Dort ist das Lob ewig,
||:Zu preisen unsern Gott,:||
Dem, dessen Lob der Engel Herr
Im Himmel stets vermeld't.

2. Ermuntert euch und singt mit Schall
Gott, unserm höchsten Gut,
Der seine Wunder überall
||:Und große Dinge thut.:||
Der seine Wunder überall
Und große Dinge thut.
Dort ist das Lob ewig u. s. w.

3. Der, ob wir ihn gleich oft betrübt,
Doch bleibet guten Muths,
Die Straf' erläßt, die Schuld vergiebt
||:Und thut uns alles Gut's.:||
Die Straf' erläßt, die Schuld vergiebt.
Und thut uns alles Gut's.
Dort ist das Lob ewig u. s. w.

27. Himmelsau, licht und blau.

1. Himmelsau, licht und blau,
Wie viel zählst du Sternlein?
„Ohne Zahl!" So viel Mal
Soll Gott stets gelobet sein.

2. Gottes Welt, wohlbestellt,
Wie viel zählst du Stäublein?
Ohne Zahl 2c.

3. Sommerfeld, uns auch meld',
Wie viel zählst du Gräslein?
Ohne Zahl 2c.

4. Dunkler Wald, grün gestalt't,
Wie viel zählst du Zweiglein?
Ohne Zahl 2c.

5. Tiefes Meer, weit umher,
Wie viel zählst du Tröpflein?
Ohne Zahl 2c.

6. Sonnenschein, klar und rein,
Wie viel zählst du Fünklein?
Ohne Zahl 2c.

7. Ewigkeit, lange Zeit,
Wie viel zählst du Stündlein?
Ohne Zahl 2c.

28. Preis dem Vater, den dort oben.

1. Preis dem Vater, den dort oben
Alle seine Himmel loben,
Dem der Sterne Jubel schallt!
Ihm, von dessen Macht und Ehre
Laut in's Lob der Himmelsheere
||: Auch des Erdrunds Jubel schallt. :||

2. Heilig, herrlich, ohne Wanken,
Gott, sind deine Heilsgedanken,
Ewig steht dein Königreich.
Und vor deines Thrones Stufen
Und im tiefsten Staube rufen
||: Chor um Chor: Dir ist Nichts gleich! :||

29. Einer ist es, den ich liebe.

1. Einer ist es, den ich liebe,
||: Einem bleib' ich ewig treu, :||
Ob ich in der Heimath bliebe,
Ob's mich in die Ferne triebe,
||: Einem bleib' ich ewig treu. :||

2. Soll ich seinen Namen nennen?
||: Kennt ihr euren Heiland nicht? :||
Laßt mich Jesum Christum nennen,
Von ihm soll mich nichts mehr trennen.
||: Kennt ihr euren Heiland nicht? :||

3. Und er bleibt es, den ich liebe,
||: Jesu bleib' ich ewig treu. :||
Ob ich ohne Trübsal bliebe,
Ob der Leib in Staub zerstiebe,
||: Jesu bleib' ich ewig treu. :||

30. Wie groß ist des Allmächt'gen Güte.

1. Wie groß ist des Allmächt'gen Güte!
Ist der ein Mensch, den sie nicht rührt?
Der mit verhärtetem Gemüthe
Den Dank erstickt, der ihm gebührt?
Nein, seine Liebe zu ermessen
Sei ewig meine größte Pflicht.
Der Herr hat mein noch nie vergessen,
Vergiß, mein Herz, auch seiner nicht.

2. Wer hat mich wunderbar bereitet?
Der Gott, der meiner nicht bedarf.
Wer hat mit Langmuth mich geleitet?
Er, dessen Rath ich oft verwarf.
Wer stärkt den Frieden im Gewissen,
Wer gibt dem Geiste neue Kraft,
Wer läßt mich so viel Gut's genießen?
Ist's nicht sein Arm, der Alles schafft?

3. Blick', o mein Geist, in jenes Leben,
Zu welchem du erschaffen bist,
Wo du mit Herrlichkeit umgeben

Gott ewig seh'n wirst, wie er ist.
Du hast ein Recht zu diesen Freuden,
Durch Gottes Güte sind sie dein;
Sieh', darum mußte Christus leiden,
Damit du könntest selig sein.

4. Und diesen Gott sollt' ich nicht ehren
Und seine Güte nicht versteh'n?
Er sollte rufen, ich nicht hören?
Den Weg, den er mir zeigt, nicht geh'n?
Sein Will' ist mir in's Herz geschrieben,
Sein Wort bestärkt ihn ewiglich:
Gott soll ich über Alles lieben,
Und meinen Nächsten gleich als mich.

5. Dies ist mein Dank, dies ist sein Wille.
Ich soll vollkommen sein, wie er.
So lang ich dies Gebot erfülle,
Stell' ich sein Bildniß in mir her.
Lebt seine Lieb' in meiner Seele,
So treibt sie mich zu jeder Pflicht;
Und ob ich auch aus Schwachheit fehle,
Herrscht doch in mir die Sünde nicht.

6. O Gott, laß deine Güt' und Liebe
Mir immerdar vor Augen sein!
Sie stärk' in mir die guten Triebe,
Mein ganzes Leben dir zu weih'n;
Sie tröste mich zur Zeit der Schmerzen,
Sie leite mich zur Zeit des Glücks,
Und sie besieg' in meinem Herzen
Die Furcht des letzten Augenblicks.

31. Dir, dir, Jehovah, will ich singen.

1. Dir, dir, Jehovah, will ich singen;
   Denn wo ist doch ein solcher Gott wie du?
   Dir will ich meine Lieder bringen,
   Ach gib mir deines Geistes Kraft dazu:
   Daß ich es thu' im Namen Jesu Christ,
   So wie es dir durch ihn gefällig ist.

2. Zeuch mich, o Vater, zu dem Sohne,
   Damit dein Sohn mich wieder zieh' zu dir;
   Dein Geist in meinem Herzen wohne
   Und meine Sinnen und Verstand regier',
   Daß ich den Frieden Gottes schmeck' und
      fühl'
   Und dir darob im Herzen sing' und spiel'.

3. Verleih' mir, Höchster, solche Güte,
   So wird gewiß mein Singen recht gethan;
   So klingt es schön in meinem Liede,
   Und ich bet' dich im Geist und Wahrheit
      an;
   So hebt dein Geist mein Herz zu dir empor,
   Daß ich dir Psalmen sing' im höher'n Chor.

32. O daß ich tausend Zungen hätte.

1. O daß ich tausend Zungen hätte
   Und einen tausendfachen Mund,
   So stimmt' ich damit um die Wette
   Vom allertiefsten Herzensgrund

Ein Loblied nach dem andern an
Von dem, was Gott an mir gethan.

2. O daß doch meine Stimme schallte
Bis dahin, wo die Sonne steht!
O daß mein Blut mit Jauchzen wallte,
So lang' es noch im Laufe geht.
O wär' ein jeder Puls ein Dank
Und jeder Odem ein Gesang.

3. Ich will von deiner Güte singen,
So lange sich die Zunge regt,
Ich will dir Freudenopfer bringen,
So lange sich mein Herz bewegt.
Ja, wenn der Mund wird kraftlos sein,
So stimm' ich doch mit Seufzen ein.

4. Ach, nimm das arme Lob auf Erden,
Mein Gott, in allen Gnaden hin.
Im Himmel soll es besser werden,
Wenn ich bei deinen Engeln bin.
Da sing' ich dir im höhern Chor
Viel tausend Hallelujah vor.

33. Gott, deine Kinder treten.

1. Gott, deine Kinder treten
Mit Freuden zu dir hin;
Sie stammeln und sie beten,
Du kennst der Worte Sinn.

2. O du, der in den Höhen
Und in den Tiefen wohnt,

Laß kindlich uns verstehen,
Wie deine Gnade lohnt.

3. Gib Kindesherz und Worte
Bei Kindesfreudigkeit,
Daß sich des Himmels Pforte
Uns öffne jederzeit.

4. O Vater, wir vertrauen
Dir stets in dieser Zeit.
Laß uns dich auch einst schauen
In deiner Herrlichkeit.

34. Erwacht von süßem Schlummer

1. Erwacht von süßem Schlummer,
Gestärkt durch sanfte Ruh',
Jauchzt, Vater, frei von Kummer,
Preis unser Herz bir zu.

2. Du bist es, der den Müden,
Den Schwachen Kraft geschenkt;
Du sprachest: schlaft in Frieden,
Erwachet ungekränkt!

3. Nun streust du Lust und Segen
Auf Alles, was wir seh'n;
Wir seh'n sich Alles regen
Und Alles neu ersteh'n.

4. O Gott, wie glänzt im Thaue
So schön die Morgenflur!

Die Welt, so weit ich schaue,
Zeigt deiner Güte Spur.

5. Aus tausend Kehlen schallet
Dir laut des Waldes Chor,
Von tausend Blumen wallet
Dir Opferduft empor.

6. O laßt auch uns erheben
Den Herrn das Leben lang;
Ja unser ganzes Leben
Sei lauter Lobgesang!

35. Sei hochgelobt, Herr Jesu Christ

1. Sei hochgelobt, Herr Jesu Christ,
Daß du der Kinder Heiland bist,
Und daß die kleine Lämmerschaar
Dir, König, nicht verächtlich war.

2. Gelobet sei des Vaters Rath
Für seiner Liebe Wunderthat!
Sein ew'ger Sohn wird arm und klein,
Daß Kinder können selig sein.

3. Gelobet sei der heil'ge Geist,
Der jedes Lamm zum Hirten weis't,
Der Kindern zu erkennen gibt,
Wie brünstig sie der Heiland liebt.

Er macht durch seinen Gnadenzug
Ein kleines Kind zum Glauben klug;
Dann lernt's mit Freuden das versteh'n,
Was weise Männer oft nicht seh'n.

5. Laß doch die Kindlein her zu mir!
So riefst du, Herr! drum bin ich hier;
Für sie gehört mein ganzes Reich,
Drum ward ich selbst den Kindern gleich!

6. Ach, lehre unfre Kinderschaar,
Daß sie zusammen immerdar
Mit Herz und Lippen dich erhöh'n:
So wird des Sätans Reich vergeh'n.

7. Sei hochgelobt, Herr Jesu Christ,
Daß du der Kinder Heiland bist,
Und daß du, hocherhab'ner Fürst,
Der Kinder Heiland bleiben wirst!

36. Lobe den Herren, den mächtigen König.

. Lobe den Herren, den mächtigen König der
Ehren,
Meine geliebete Seele, das ist mein Be-
Kommet zu Hauf'! [gehren.
Psalter und Harfe wacht auf,
Lasset den Lobgesang hören!

2. Lobe den Herren, der Alles so herrlich
regieret,
Der dich auf Adelers Fittigen sicher ge=
Der dich erhält, [führet,
Wie es dir selber gefällt,
Hast du nicht dieses verspüret?

3. Lobe den Herren, der künstlich und fein dich
    bereitet,
Der dir Gesundheit verliehen, dich freund=
In wie viel Noth   [lich geleitet;
Hat nicht der gnädige Gott
Ueber dir Flügel gebreitet?

4. Lobe den Herren, der deinen Stand sicht=
    bar gesegnet,
Der aus dem Himmel mit Strömen der
    Liebe geregnet;
Denke daran,
Was der Allmächtige kann,
Der dir mit Liebe begegnet.

5. Lobe den Herren, was in mir ist, lobe den
    Namen;
Alles, was Odem hat, lobe mit Abra=
    hams Samen!
Er ist dein Licht,
Seele, vergiß es ja nicht,
Lob' ihn in Ewigkeit! Amen.

37. Lobe den Herren, o meine Seele.

1. Lobe den Herren, o meine Seele!
Ich will ihn loben bis in Tod:
Weil ich noch Stunden auf Erden zähle,
Will ich lobsingen meinem Gott.
Der Leib und Seel' gegeben hat,
Werde gepriesen früh und spat.
Hallelujah! Hallelujah!

2. Selig, ja selig ist der zu nennen,
   Deß Hülfe der Gott Jakobs ist,
   Welcher vom Glauben sich Nichts läßt
      trennen   ·
   Und hofft getrost auf Jesum Christ.
   Wer diesen Herrn zum Beistand hat,
   Findet am Besten Rath und That.
   Hallelujah! Hallelujah!

3. Rühmet, ihr Menschen, den hohen Namen
   Deß, der so große Wunder thut!
   Alles, was Odem hat, rufe Amen!
   Und bringe Lob mit frohem Muth.
   Ihr Kinder Gottes, lobt und preis't
   Vater und Sohn und heil'gen Geist.
   Hallelujah! Hallelujah!

38. Bereite dich, o Seele.

1. Bereite dich, o Seele,
   Dein König kommt zu dir;
   Verlaß die Welt und wähle
   Dir nun sein Reich dafür.
   Wirf hin den Tand der Zeiten,
   Flieh' Sinnlichkeit und Wahn;
   Das Glück der Ewigkeiten
   Beut er dir huldreich an.

2. O tröstliches Erscheinen!
   O Zukunft voller Glück!
   Was säumst du, Volk der Seinen,
   Noch einen Augenblick?

Geh', Sünder, ihm entgegen,
Und klag' ihm deinen Schmerz,
Sein Mitleid wird sich regen,
Drum gib ihm nur dein Herz.

3. Frohlocket laut, ihr Armen,
Der König kommt zu euch;
Sein Blick verheißt Erbarmen,
Und seine Hand macht reich.
Ihr glaubt, und nicht vergebens,
An des Erlösers Wort:
Die Güter jenes Lebens
Sind euer Erbtheil dort.

39. Von Grönlands Eisgestaden.

1. Von Grönlands Eisgestaden,
Von Indiens Perlenstrand,
Von Peru's goldnen Pfaden,
Vom dunklen Mohrenland;
Von manchem alten Ufer
Und palmenreicher Flur
Ertönt das Fleh'n der Rufer:
„Zeigt uns der Wahrheit Spur!"

2. Ob auch gewürzte Winde
Auf Ceylons Insel weh'n,
Der Mensch ist todt in Sünde
Und muß verloren geh'n.
Umsonst sind Gottes Gaben
So reichlich ausgestreut;
Die Heiden sind begraben
In Nacht und Dunkelheit.

3. Wir, denen treue Hirten
   Und Gottes Wort verlieh'n,
   Wir könnten den Verirrten
   Das Lebenslicht entzieh'n?
   O nein! Die frohe Kunde
   Vom Heil in Jesu Christ
   Erschall' von Mund zu Munde,
   Bis jedes Volk ihn küßt.

4. Ihr Winde, weht die Wahrheit,
   Ihr Wasser, tragt sie fort,
   Bis wie ein Meer voll Klarheit
   Sie fülle jeden Ort;
   Bis der versöhnten Erde
   Das Lamm, der Sünderfreund,
   Der Herr und Hirt der Heerde,
   In Herrlichkeit erscheint.

40. Hosianna! Davids Sohn.

1. Hosianna! Davids Sohn
   Kommt in Zion eingezogen,
   Ach, bereitet ihm den Thron,
   Setzt ihm tausend Ehrenbogen.
   Streuet Palmen, machet Bahn,
   Daß er Einzug halten kann.

2. Hosianna!, sei gegrüßt!
   Komm, wir gehen dir entgegen;
   Unser Herz ist schon gerüst't,
   Will sich dir zu Füßen legen.
   Zeuch zu unsern Thoren ein,
   Du sollst uns willkommen sein.

33

3. Hosianna! Friedensfürst,
Ehrenkönig, Held im Streite!
Alles, was du schaffen wirst,
Das ist unsre Siegesbeute.
Deine Rechte bleibt erhöht,
Und dein Reich allein besteht.

41. Wie soll ich dich empfangen?

1. Wie soll ich dich empfangen
Und wie begegn' ich dir,
O aller Welt Verlangen,
O meiner Seelen Zier?
O Jesu, Jesu, setze
Mir selbst die Fackel bei,
Damit, was dich ergötze,
Mir kund und wissend sei.

2. Dein Zion streut dir Palmen
Und grüne Zweige hin,
Und ich will dir in Psalmen
Ermuntern meinen Sinn;
Mein Herze soll dir grünen
In stetem Lob und Preis,
Und deinem Namen dienen,
So gut es kann und weiß.

3. Was hast du unterlassen
Zu meinem Trost und Freud?
Als Leib und Seele saßen
In ihrem größten Leid,
Als mir das Reich genommen,

Da Fried' und Freude lacht,
Da bist du, mein Heil, kommen
Und hast mich froh gemacht.

4. Nichts, nichts hat dich getrieben
Zu mir vom Himmelszelt,
Als das geliebte Lieben,
Damit du alle Welt
In ihren tausend Plagen
Und großen Jammerlast,
Die kein Mund kann aussagen,
So fest umschlungen hast.

5. Das schreib' dir in dein Herze,
Du hochbetrübtes Heer,
Bei denen Gram und Schmerze
Sich häuft je mehr und mehr;
Seid unverzagt, ihr habet
Die Hülfe vor der Thür,
Der eure Herzen labet
Und tröstet, steht allhier.

42. Tochter Zion, freue dich.

1. Tochter Zion, freue dich,
Jauchze laut, Jerusalem.
Sieh', dein König kommt zu dir,
Ja er kommt, der Friedefürst.
Tochter Zion, freue dich,
Jauchze laut, Jerusalem.

2. Hosianna, Davids Sohn!
Sei gesegnet deinem Volk!
Gründe nun dein ewig Reich!
Hosianna in der Höh'!

Hosianna, Davids Sohn!
Sei gesegnet deinem Volk!
3. Hosianna, Davids Sohn!
Sei gegrüßet, König mild!
Ewig steht dein Friedensthron!
Du des ew'gen Vaters Kind!
Hosianna, Davids Sohn!
Sei gegrüßet, König mild!

43. Ein König zog in Salem ein.

1. Ein König zog in Salem ein,
Die Lieb' war seine Krone,
Die Sanftmuth war sein Edelstein,
Das Kreuz sein Weg zum Throne.

2. Sie haben ihn mit Schall begrüßt
Als Davids Sohn und Erben;
Er aber hat für sie gebüßt
Mit Leiden und mit Sterben.

3. Der König ist nun längst erhöht
Und thront zu Gottes Rechten,
Doch immer im Adventsgebet
Kommt er zu seinen Knechten.

4. Ach, komm' auch mir in's Herz hinein,
Du König ohne Gleichen;
Laß mich in deiner Gnade Schein
Erblühen und erbleichen!

5. Du hast auch meine Schuld gebüßt,
Mir deine Huld gegeben;
Mein Hosianna, das dich grüßt,
Ist arm, doch ist's mein Leben.

44. Verſammelt ſind wir Alle hier.

1. Verſammelt ſind wir Alle hier
Um deine milden Gaben;
Wenn du uns gibſt, ſo nehmen wir,
Du willſt auch Arme laben.

2. Fünftauſend Menſchen ſpeiſteſt du
Mit wenig Brod und Fiſchen.
Du thuſt es noch, Herr, komm' herzu
Als Gaſt zu unſern Tiſchen.

45. Hoſianna! Gelobet ſei, der da kommt.

Hoſianna! Gelobet ſei, der da kommt
In dem Namen des Herrn!
Hoſianna in der Höh'!
‖: Der da kommt in dem Namen des Herrn. :‖
Hoſianna! Hoſianna!
                    ‖: Hoſianna in der Höh'! :‖

46. Lobt den Herrn! Die Gnadenſonne.

1. ‖: Lobt den Herrn! :| Die Gnadenſonne
Gehet auf mit hellem Schein;
Und des Himmels reiche Wonne
Strömt mit ihrem Licht herein.

2. ‖: Jauchzt dem Herrn! :‖ aus Gottes Hö=
Wallt herab ſein Friedensbund;   [hen
Paradieſeslüfte wehen
Wieder neu durch's Erdenrund.

3. ‖: Jauchzt dem Herrn :‖ im Jubelpsalme,
Der die Sünder nicht verstieß!
Seht des ew'gen Lebens Palme
Blüht im neuen Paradies!

47. Lobt den Herrn! Die Morgensonne.

1. ‖: Lobt den Herrn! :‖ Die Morgensonne
Weckt die Flur aus ihrer Ruh',
Und der ganzen Schöpfung Wonne
Strömt verjüngt uns wieder zu.

2. ‖: Lobt den Herrn! :‖ In frühen Düften
Lobet ihn der Blumen Flor;
Auf den Wipfeln, in den Lüften
Singet ihm der Vögel Chor.

3. ‖: Lobt den Herrn! :‖ Aus seiner Höhle
Brüllt das Wild ihm seinen Dank;
Doch vor Allem, meine Seele,
Tön' ihm früh dein Lobgesang!

48. Lobt den Herrn! Sein Wort ist Liebe.

1. ‖: Lobt den Herrn! :‖ Sein Wort ist Liebe,
Liebe, die den Sohn uns gab;
Des Erbarmens heil'ge Triebe
Zogen ihn vom Thron herab.

2. ‖: Lobt den Herrn!:‖ Sein Wort ist Gna=
   Will den Tod des Sünders nicht;   [de,
   Daß er uns der Schuld entlade,
   Trat er selber in's Gericht.

3. ‖: Lobt den Herrn!:‖ Sein Wort ist Frie=
   Der die Welt mit Gott versöhnt;   [den,
   Kämpft den guten Kampf hienieden,
   Droben seid ihr sieggekrönt.

4. ‖: Lobt den Herrn!:‖ Sein Wort ist Leben,
   Seine Wahrheit dauert fort.
   Ob auch Erd' und Himmel beben,   -
   Ewig fest besteht sein Wort.

49. Vom Himmel hoch, da komm' ich her.

1. Vom Himmel hoch, da komm' ich her,
   Ich bring' euch gute neue Mähr',
   Der guten Mähr' bring' ich so viel,
   Davon ich sing'n und sagen will.

2. Euch ist ein Kindlein heut' gebor'n
   Von einer Jungfrau auserkor'n,
   Ein Kindelein so zart und fein,
   Das soll eu'r Freud' und Wonne sein.

3. Es ist der Herr Christ, unser Gott,
   Der will euch führ'n aus aller Noth,
   Er will eu'r Heiland selber sein,
   Von allen Sünden machen rein.

4. Er bringt euch alle Seligkeit,
Die Gott, der Vater, hat bereit,
Daß ihr mit uns im Himmelreich
Sollt leben nun und ewiglich.

5. Willkommen uns, du edler Gast,
Den Sünder nicht verschmähet hast,
Und kommst in's Elend her zu mir,
Wie soll ich immer danken dir?

6. Ach mein herzliebes Jesulein,
Mach dir ein rein, sanft Bettelein,
Zu ruhen in mein's Herzens Schrein,
Daß ich nimmer vergesse dein.

50. Liebliche Weihnachtszeit.

1. Liebliche Weihnachtszeit,
Du aller Kinder Freud',
Wie bist du schön!
Längst schon erwarten wir
Sehnlich dich mit Begier,
|: O laß dich seh'n. :||

2. Freude die Fülle gibt,
Wer uns von Herzen liebt,
Heute so gern;
Und um den Weihnachtstisch
Schaaren die Kinder sich
|: Von nah und fern. :||

3. Aber das Schönste bist
Du, mein Herr Jesu Christ

Im Krippelein;
Lieber als alle Pracht,
Die unterm Christbaum lacht,
||: Sollst du uns sein! :||

4. Heiland und Kinderfreund,
Der es am besten meint
Mit uns allzeit,
Du wardst für uns ein Kind,
Tilgest auch unsre Sünd';
||: Das freut uns heut'. :||

5. Liebliche Weihnachtszeit,
Du aller Kinder Freud',
Nun bist du da!
Jubelt aus voller Brust,
Singet mit Herzenslust:
||: Hallelujah. :||

51. Vöglein im hohen Baum.

1. Vöglein im hohen Baum,
Klein ist's, ihr seht es kaum,
Singt doch so schön,
Daß wohl von nah und fern
Alle die Leute gern
||: Horchen und steh'n. :||

2. Blümlein im Wiesengrund
Blühen so lieb und bunt,
Tausend zugleich;
Wenn ihr vorübergeht,

Wenn ihr die Farben seht,
‖: Freuet ihr euch. :‖

3. Wässerlein fließt so fort
Immer von Ort zu Ort
Nieder in's Thal;
Dürsten nun Mensch und Vieh,
Kommen zum Bächlein sie,
‖: Trinken zumal. :‖

4. Habt ihr es auch bedacht,
Wer hat so schön gemacht
Alle die drei?
Gott, der Herr, machte sie,
Daß sich nun spät und früh
‖: Jedes d'ran freu'. :‖

52. Kommt und laßt uns Christum ehren.

1. Kommt und laßt uns Christum ehren,
Herz und Sinnen zu ihm kehren.
Singet fröhlich, laßt euch hören,
Werthes Volk der Christenheit.

2. Sehet, was hat Gott gegeben:
Seinen Sohn zum ew'gen Leben.
Dieser kann und will uns heben
Aus dem Leid in Himmelsfreud'.

3. Jakobs Stern ist aufgegangen,
Stillt das sehnliche Verlangen,

Bricht den Kopf der alten Schlangen,
Und zerstört der Hölle Reich.

4. Schönstes Kindlein in dem Stalle,
Sei uns freundlich, bring' uns Alle
Dahin, wo mit süßem Schalle
Dich der Engel Heer erhöht.

53. Alle Jahre wieder.

1. Alle Jahre wieder
Kommt das Christuskind
Auf die Erde nieder,
Wo wir Menschen sind.

2. Kehrt mit seinem Segen
Ein in jedes Haus,
Geht auf allen Wegen
Mit uns ein und aus.

3. Ist auch mir zur Seite
Still und unerkannt,
Daß er treu mich leite
An der lieben Hand.

54. Gottes Segen gehet.

1. Gottes Segen gehet
Ueber Berg und Thal,
Und sein Odem wehet
Leben überall.

2. Goldne Aehren winken
   Auf dem Segensland,
   Und die Sicheln blinken
   In der Schnitter Hand.

3. Gott schuf Traub' und Garbe,
   Früchte mannigfalt,
   Daß sein Volk nicht darbe,
   Mild für Jung und Alt.

4. Aber hoch erhaben
   Ob der Erde Höh'n
   Dürfen bess're Gaben
   Seine Kinder seh'n.

5. Erdenernte währet
   Nur für kurze Zeit;
   Himmelsernte währet
   Bis in Ewigkeit.

6. Herr der Ernte, walte,
   Daß wir dort, wie hier,
   Ernten, Jung' und Alte,
   Selig für und für.

55. Aus dem Himmel ferne

1. Aus dem Himmel ferne,
   Wo die Englein sind,
   Schaut doch Gott so gerne
   Her auf jedes Kind.

2. Höret seine Bitte
   Treu bei Tag und Nacht,

Nimmt's bei jedem Schritte
Väterlich in Acht.

3. Gibt mit Vaterhänden
Ihm sein täglich Brod.
Hilft an allen Enden
Ihm aus Angst und Noth.

4. Sagt's den Kindern allen,
Daß ein Vater ist,
Dem sie wohlgefallen,
Der sie nie vergißt.

56. Stille Nacht, heilige Nacht.

1. Stille Nacht, heilige Nacht!
Alles schläft. Einsam wacht
Nur das heilige Elternpaar,
Das im Stalle zu Bethlehem war,
||: Bei dem himmlischen Kind. :||

2. Glänzende Pracht strahlt durch die Nacht.
Hirten wird's kund gemacht.
Durch der Engel Hallelujah
Tönt es laut von fern und nah:
||: Christ, der Retter, ist da. :||

3. Licht statt Nacht hat gebracht,
Heil'ges Kind, deine Macht.
Lieblich liegst du gebettet auf Stroh.
O wie macht uns dein Antlitz so froh,
||: Froh dein Kommen auf Erd'. :||

57. Am Weihnachtsbaum.

1. Am Weihnachtsbaum die Lichter brennen;
Wie glänzt er festlich, lieb und mild,
Als spräch' er: Wollt in mir erkennen
Getreuer Hoffnung süßes Bild!
Die Kinder steh'n mit hellen Blicken,
Das Auge lacht, es lacht das Herz.
O fröhlich' seliges Entzücken!
Die Alten schauen himmelwärts.

2. Zwei Engel sind herein getreten,
Kein Auge hat sie kommen seh'n,
Sie geh'n zum Weihnachtstisch und beten,
Und wenden wieder sich und geh'n.
„Gesegnet seid, ihr alten Leute,
Gesegnet sei, du kleine Schaar!
Wir bringen Gottes Segen heute
Dem braunen, wie dem weißen Haar.

3. Zu guten Menschen, die sich lieben,
Schickt uns der Herr als Boten aus,
Und seid ihr treu und fromm geblieben,
Wir treten wieder in dies Haus.“
Kein Ohr hat ihren Spruch vernommen;
Unsichtbar jedes Menschen Blick
Sind sie gegangen, wie gekommen;
Doch Gottes Segen blieb zurück.

58. Der Christbaum ist der schönste Baum.

1. Der Christbaum ist der schönste Baum,
Den wir auf Erden kennen;
Im Garten klein, im engsten Raum,
Wie lieblich blüht der Wunderbaum,
||:Wenn seine Blümchen brennen.:||

2. Denn sieh, in dieser Wundernacht
Ist einst der Herr geboren,
Der Heiland, der uns selig macht.
Hätt' er den Himmel nicht gebracht,
||:Wär' alle Welt verloren.:||

3. Doch nun ist Freud' und Seligkeit,
Ist jede Nacht voll Kerzen.
Auch dir, mein Kind, ist das bereit,
Dein Jesus schenkt dir alles heut.
||:Gern wohnt er dir im Herzen.:||

4. O laß ihn ein, es ist kein Traum!
Er wählt dein Herz zum Garten,
Will pflanzen in dem engen Raum
Den allerschönsten Wunderbaum
||:Und seiner treulich warten. :||

59. Was hätt' ich, hätt' ich Jesum nicht.

1. Was hätt' ich, hätt' ich Jesum nicht
Auf ewig mir erkoren?

Für flücht'ge Freuden ew'gen Schmerz!
Ach, ohne Jesum, armes Herz,
‖: Hätt'st du dich selbst verloren! :‖

2. Was könnt' mir doch die ganze Welt
Für meinen Jesum geben?
Und wär' die ganze Welt auch mein;
Nein, sollt' ich ohne Jesum sein,
‖: Da möcht' ich auch nicht leben. :‖

3. Wer wär' mein Tröster dann im Schmerz,
Wer auf dem Sterbebette?
Wer einst am Tage des Gerichts?
Ach, hier und dort hätt' ich ja nichts,
‖: Wenn ich nicht Jesum hätte. :‖

4. Ich hätte nichts als ew'ge Pein
Für stundenlang Ergötzen.
Ach, ohne Jesum dort und hier,
Gedanke, weiche fern von mir,
‖: Gedanke voll Entsetzen. :‖

5. Nun aber, da ich Jesum hab',
O welch' ein reiches Leben!
Ist Erde doch und Himmel sein,
Drum ist auch Alles, Alles mein,
‖: Weil er sich mir ergeben. :‖

60. Herbei, o ihr Gläubigen.

1. Herbei, o ihr Gläubigen, fröhlich tri=
umphierend,
O kommet, o kommet nach Bethlehem!

Sehet das Kindlein uns zum Heil geboren.
‖: O lasset uns anbeten :‖ den König.

2. O König der Ehren, du Herrscher der
   Heerschaaren,
Verschmähst nicht zu ruh'n in Marias
   Schooß.
Du wahrer Gott von Ewigkeit geboren!
O lasset uns u. s. w.

3. Kommt, singet dem Herren, ihr heil'gen
   Engelchöre,
Frohlocket, frohlocket, ihr Seligen!
Ehre sei Gott im Himmel und auf Erden!
O lasset uns u. s. w.

4. Dir, der du bist heute ein Mensch für uns
   geboren,
O Jesu, sei Ehre und Preis und Ruhm!
Dir Fleisch geword'nes Wort des ew'gen
O lasset uns u. s. w.   [Vaters!

61. Wir bitten dich, o Jesulein.

1. Wir bitten dich, o Jesulein,
Schön's Jesulein,
Wollst mit uns reden ein Wörtelein.
   Christus: Singt, liebe Kinder mein.

2. Sag' an, warum man dich hier find't,
Schön's Jesulein,
Auf dieser Welt ein kleines Kind?
   Chr.: Aus lauter Lieb' allein!

3. Warum bist du, o Gott so groß,
Schön's Jesulein,
So klein in deiner Mutter Schooß?
Chr.: Aus lauter Lieb' allein!

4. Warum kommst du in diese Welt,
Schön's Jesulein,
Und bringst nichts mit, nicht Gut noch
Geld?
Chr.: Aus lauter Lieb' allein!

5. Warum hast du so sehr veracht't,
Schön's Jesulein,
Die Welt, ihr Gut und all' ihr' Pracht?
Chr.: Aus lauter Lieb' allein!

6. Warum liegst du so arm im Stall,
Schön's Jesulein,
Und machst doch reich die ganze Welt?
Chr.: Aus lauter Lieb' allein!

7. Für solche Lieb' was mögen wir,
Schön's Jesulein,
Wir Armen doch hingeben dir?
Chr.: Mich wieder lieb'n allein.

8. So nimm denn hin das Herze mein,
Schön's Jesulein,
Du sollst es haben ganz allein.
Chr.: So seid ihr Alle mein.

O liebstes Jesulein,
Wir woll'n dein eigen sein.

62. Heilige, geweihte Nacht.

1. Heilige, geweihte Nacht,
Großes hast du uns gebracht:
||: Gottes eingebornen Sohn
Von des Höchsten Himmelsthron. :||

2. Laut erschallt der Engel Chor.
Alle Welt jauchz' nun empor,
||: Weil der Heiland Jesus Christ
Zu uns hergekommen ist :||

3. Unaussprechlich große Gab',
Gott sei Dank, daß ich dich hab'.
||: Ew'ges Leben, ew'ges Heil
Ist durch dich der Gläub'gen Theil. :||

63. Nun, so bleibt es fest dabei.

1. Nun, so bleibt es fest dabei,
Daß ich Jesu eigen sei.
||: Welt und Sünde, fahret hin,
Weil ich schon in Jesu bin. :||

2. Jesus ist mein höchstes Gut,
Denn er gab sein theures Blut
||: Auch für mich verlornes Kind,
Daß mein Glaube Gnade find'. :||

3. Herr, ich hang' allein an dir!
Nimm' nur Alles selbst von mir,
||: Was dir nicht gefällig ist,
Weil du doch mein Alles bist. :||

4. Amen! ja du hörest mich,
Und ich Armer lobe dich:
‖: Ja, zum Voraus werd' ich schrei'n:
„Jesus wird mein Helfer sein!" :‖

64. Lobt Gott, ihr Christen, alle gleich.

1. Lobt Gott, ihr Christen, alle gleich
In seinem höchsten Thron,
Der heut' schließt auf sein Himmelreich
‖: Und schenkt uns seinen Sohn. :‖

2. Er kommt aus seines Vaters Schooß
Und wird ein Kindlein klein,
Er liegt dort elend, nackt und bloß
‖: In einem Krippelein. :‖

3. Er liegt an seiner Mutter Brust,
Nimmt von ihr seine Speis',
An dem die Engel seh'n ihr' Lust,
‖: Denn er ist Davids Reis; :‖

4. Das aus sein'm Stamm entsprießen sollt'
In dieser letzten Zeit,
Durch welchen Gott aufrichten wollt'
‖: Sein Reich, die Christenheit. :‖

5. Er wechselt mit uns wunderlich:
Fleisch und Blut nimmt er an,
Und gibt uns in sein's Vaters Reich
‖: Die klare Gottheit d'ran; :‖

6. Er wird ein Knecht, und ich ein Herr,
   Das mag ein Wechsel sein!
   Wie könnt' er doch sein freundlicher,
   ‖: Das Herze=Jesulein? :‖

7. Heut' schließt er wieder auf die Thür'
   Zum schönen Paradies;
   Der Cherub steht nicht mehr dafür,
   ‖: Gott sei Lob, Ehr' und Preis. :‖

65. Hosianna! Hosianna! Hosianna!

1. Hosianna! Hosianna! Hosianna!
   Hosianna bringen wir heut' dar
   Dem Heiland, unserm Herrn,
   Der auch ein Kind wie wir einst war,
   Ihm singen wir so gern.
   Hosianna soll das Loblied sein
   Dem Herrn, der uns erlöst.
   Laßt alle Kinder stimmen ein;
   Dies ist ihr Freudenfest.
   Dies ist der Kinder Freudenfest,
   Freudenfest, Freudenfest,
   Dies ist der Kinder Freudenfest,
   Drum stimmen Alle ein.

2. Hosianna! Hosianna! Hosianna!
   Hosianna singen freudig wir
   Vereinigt Groß und Klein.
   Wir preisen froh mit Herz und Mund
   Den Heiland nur allein.
   Hosianna u. s. w.

3. Hosianna, Hosianna, Hosianna!
Hosianna tön' in Kirch' und Haus,
Hosianna nah und fern;
Und dies soll unsre Losung sein:
Hosianna, preist den Herrn!
Hosianna u. s. w.

66. Horch! wie die Schaar der Engel singt.

1. Horch! wie die Schaar der Engel singt!
Horch! wie die Luft zusammen klingt!
Sieh', wie da droben Licht erglüht!
Sieh', wie's den Erdkreis hell umzieht.
Hallelujah! Hallelujah!
Auch ich stimm' ein Loblied an
Und erzähl', was Gott gethan.

2. Ob heller leuchte dieser Strahl,
Ob heller töne der Choral —
Wer sagt mir das? Der Hirten Chor,
Der ist auf einmal Aug' und Ohr.
Hallelujah! Hallelujah!
Heil sei dir, o Gottessohn,
Sing' ich dort vor deinem Thron.

3. Von Engelschaaren her erschallt's,
In Hirtenherzen wiederhallt's:
Dem droben in der Höh' sei Ehr',
Auf Erden Frieden wiederkehr'.
Hallelujah! Hallelujah!

Da ist Fried. nach dem Streit,
Fried' in alle Ewigkeit.

4. Mit Wohlgefallen, reich und mild,
Verkläret Gott sein Ebenbild!
So ruft der tausendfache Ton,
So preist er Gott und seinen Sohn.
Hallelujah! Hallelujah!
Alles jauchzt und freuet sich,
Lobt und liebt ihn ewiglich.

67. Welche Morgenröthe wallen?

1. Welche Morgenröthe wallen
Himmel ab in dunkler Nacht?
Seh' ich Sonnen Gottes fallen?
Nein der Heere Gottes Macht
Hält bei frommen Hirten Wacht,
Und des Engels Worte schallen:
Zaget nicht, denn große Freud'
Ist euch widerfahren heut'!

2. Christus ward euch heut geboren,
Euer Heiland, euer Herr!
Davids Stadt hat er erkoren,
Und in Windeln lieget er;
In der Krippe liegt der Herr.
Jedem Volk ward er geboren,
Hochgelobet in der Zeit,
Hochgelobt in Ewigkeit.

3. Ach, was können wir dir bringen,
Dir, dem Herrn der Herrlichkeit?

Unfre Liebe soll dir fingen,
Dir sei unser Herz geweiht,
Unser Wille dir bereit!
Gib zum Wollen das Vollbringen.
Laß uns dein sein in der Zeit,
Dein, o Herr, in Ewigkeit.

68. Ihr Kinderlein, kommet.

1. Ihr Kinderlein, kommet, o kommet doch all'
Zur Krippe her kommet in Bethlehems
Stall,
Und seht, was in dieser hochheiligen Nacht
Der Vater im Himmel für Freude uns
macht.

2. O seht in der Krippe, im nächtlichen Stall,
Seht hier bei des Lichtleins hell glänzen=
dem Strahl
In reinlichen Windeln das himmlische
Kind,
Viel schöner und holder, als Engel es sind.

3. Da liegt es, o Kinder, auf Heu und auf
Stroh;
Maria und Joseph betrachten es froh,
Die redlichen Hirten knie'n betend davor,
Hoch oben schwebt jubelnd der Engelein
Chor.

4. O beugt, wie die Hirten, anbetend die Knie.
Erhebet die Hände und danket wie sie,

Stimmt freudig, ihr Kinder, wer wollt' sich
nicht freu'n?
Stimmt freudig zum Jubel der Engel mit
ein!

5. O betet: du liebes, du göttliches Kind,
Was leidest du Alles für unsere Sünd'!
Ach, hier in der Krippe schon Armuth und
Noth,
Am Kreuze dort gar noch den bitteren Tod!

6. Was geben wir Kinder, was schenken wir
dir,
Du bestes und liebstes der Kinder, dafür?
Nichts willst du von Schätzen und Reich=
thum der Welt;
Ein Herz nur voll Unschuld allein dir gefällt.

7. So nimm unsre Herzen zum Opfer denn
hin;
Wir geben sie gerne mit fröhlichem Sinn;
O mache sie heilig und selig wie dein's,
Und mach' sie auf ewig mit deinem in Eins.

69. Du liebliches Ostern.

1. Du liebliches Ostern, du selige Zeit,
Die all' unsre Herzen so himmlisch erfreut!
Der Herr ist erstanden aus Grab und aus
Tod,
Ihn lasset uns preisen, den Herrn, unsern
Gott!

2. O laßt mit den Jüngern und Frauen uns
geh'n,
Im Geiste den Fürsten des Lebens zu seh'n.
O daß er begegnete Allen noch heut,
Wie einst der Maria, zur seligen Freud'.

3. Er hat aus dem Grabe den Frieden gebracht,
Den er zwischen Gott und den Sündern
gemacht.
Die Schuld ist bezahlet, wir alle sind frei,
Des Himmelreichs Thüre geöffnet auf's neu.

4. Der Tod ist nun völlig verschlungen vom
Sieg,
Wo ist nun sein Stachel? — Wo, Hölle,
dein Sieg?
Zum Schlafe geworden ist nunmehr der Tod,
Und wir sind erlöset von jeglicher Noth.

5. Hallelujah! tön' es von nah und von fern!
Das kindliche Lallen, er hört es so gern.
Lobsingt ihm, lobsingt ihm, der war und
der ist
Und ewiglich sein wird, dem Herrn Jesus
Christ!

70. O du fröhliche ... Weihnachtszeit.

1. O du fröhliche, o du selige,
Gnadenbringende Weihnachtszeit!
Welt war verloren,
Christ ward geboren,
Freue, freue dich, o Christenheit.

2. O du fröhliche, o du selige,
Freudenbringende Weihnachtszeit!
Hosianna! schmücket
Dem, der so beglücket,
Hell sein Fest der Seligkeit!

3. O du fröhliche, o du selige,
Friedenbringende Weihnachtszeit!
Finsterniß vergehet,
Gottes Reich erstehet,
Gottes Reich in Fried' und Freud'.

4. O du fröhliche, o du selige,
Weltverklärende Weihnachtszeit!
Laßt die Lichter brennen,
Daß wir den erkennen,
Der einst kommt in Herrlichkeit!

71. O du fröhliche ... Osterzeit.

1. O du fröhliche, o du selige,
Gnadenbringende Osterzeit!
Welt lag in Banden,
Christ ist erstanden.
Freue, freue dich, o Christenheit.

2. O du fröhliche, o du selige,
Segenbringende Osterzeit!
Tod ist bezwungen,
Leben errungen.
Freue u. s. w.

3. O du fröhliche, o du selige,
Lebenbringende Osterzeit!
Kraft ist gegeben,
Göttlich zu leben.
Freue u. s. w.

72. O du fröhliche ... Pfingstenzeit.

1. O du fröhliche, o du selige,
Gnadenbringende Pfingstenzeit!
Christ, unser Meister,
Heiligt die Geister.
Freue, freue dich, o Christenheit.

2. O du fröhliche, o du selige,
Welterneuernde Pfingstenzeit!
Führ', Geist der Gnade,
Uns deine Pfade.
Freue u. s. w.

3. O du fröhliche, o du selige,
Seligtröstende Pfingstenzeit!
Uns die Erlösten,
Geist, willst du trösten.
Freue u. s. w.

73. Es jauchzen dir die frommen Kinder.

1. Es jauchzen dir die frommen Kinder
Zu deiner ersten Erdennacht,

Weil du, o Todesüberwinder,
Auch uns dein Himmelslicht gebracht.
O du, der lag in harter Krippen,
Nimm an das Lob von Kinderlippen.

2. Du König aller Engel! siehe
Auch gnädig auf uns arme Schaar,
Und zeuch zu deinem Herzen frühe,
Was ohne dich verloren war,
Damit sich unsre jungen Seelen
Im Lebensfrühling dich erwählen!

3. Du bist so mild, so wundergütig,
Und gabst uns gute Gaben gern;
Drum bitten wir dich, Herr, demüthig:
Geh auf in uns als Morgenstern,
Und leg in unser Herz dein Leben,
Damit es dir kann Ehre geben.

4. Du, Jesu, bist die beste Gabe,
Die man zum Christtag haben kann;
Wenn ich das Jesuskind nur habe,
So ist mir ewig wohl gethan.
Drum komm, ach komm zu deinen Kindern!
Nichts müsse dir den Einzug hindern!

74. Ich bete an die Macht der Liebe.

1. Ich bete an die Macht der Liebe,
Die sich in Jesu offenbart.
Ich geb' mich hin dem freien Triebe,
Mit dem ich Wurm geliebet ward.

Ich will, anstatt an mich zu denken,
In's Meer der Liebe mich versenke»

2. Wie bist du mir so sehr gewogen
Und wie verlangt dein Herz nach mir.
Durch Liebe sanft und stark gezogen,
Neigt sich mein Alles auch zu dir.
Du traute Liebe, gutes Wesen,
Du hast mich, ich hab' dich erlesen.

3. Ich fühl's, du bist's, dich muß ich habe»
Ich fühl's, ich muß für dich nur sein.
Nicht im Geschöpf, nicht in den Gaben,
Mein Ruh'platz ist in dir allein.
Hier ist die Ruh', hier ist Vergnügen,
Drum folg' ich deinen sel'gen Zügen.

4. O Jesu, daß dein Name bliebe
Der Seele tief gedrücket ein!
Laß deine süße Jesusliebe
In Herz und Sinn gepräget sein.
In Wort und Werk und allem Wesen
Sei Jesus und sonst nichts zu lesen.

75. Sei uns mit Jubelschalle.

1. Sei uns mit Jubelschalle,
Christkindchen, heut' gegrüßt!
Wie freuen wir uns alle,
Daß dein Geburtstag ist!
Für uns zur Welt geboren,
Lagst du auf Heu und Stroh.

Sonst wären wir verloren,
Nun aber sind wir froh.

2. Wie hast du doch uns Kinder
Von Anfang her geliebt,
Ob wir dich gleich als Sünder
So mannigfach betrübt!
O gib zum Christgeschenke
Uns neue Herzen heut',
Daß Jeder dein gedenke
In rechter Dankbarkeit.

3. Laß nun bei so viel Gaben
Uns nie vergessen dein!
Denn dich im Herzen haben
Geht über gold'nen Schein.
O laß bei allen Kleinen
Im ganzen Erdenrund
Heut' deine Lieb' erscheinen:
O mach' dich Allen kund.

76. Kommt, lasset uns doch hören.

1. Kommt, lasset uns doch hören
Die Vögel in dem Wald,
Wie sie den Schöpfer ehren,
Daß Berg und Thal erschallt.
Sie singen ohne Sorgen,
Sind freudig, denken nicht,
Ob ihnen auch den Morgen
Dies oder das gebricht.

2. Sie trachten nicht nach Schätzen
Mit Kummer, Noth und Streit.
Der Wald ist ihr Ergötzen,
Die Federn sind ihr Kleid.
Ihr Tisch ist stets gedecket,
Sie sind gar hoch vergnügt,
Weil Jedes, was ihm schmecket,
So viel ihm noth ist, kriegt.

3. Sie hausen still im Neste,
Bau'n keine Scheunen auf,
Sind nirgends hohe Gäste
Und bieten nichts zu Kauf.
Es singt dafür ein Jeder,
So gut er kann und mag,
Dem Schöpfer seine Lieder
Den ganzen lieben Tag.

4. Der alle Vögel speiset
Und in der Winterszeit
Das Futter ihnen weiset,
Wenn Alles liegt beschneit:
Wie sollte der nicht geben,
Was dir von Nöthen ist,
Den Unterhalt zum Leben?!
O trau' ihm als ein Christ!

77. Wen Jesus liebt.

1. Wen Jesus liebt, wen Jesus liebt,
Der kann allein recht fröhlich sein
Und nie betrübt.

2. Im Himmel hoch, im Himmel hoch
   Auf Gottes Thron liebt Gottes Sohn
   Die Seinen doch.

3. Und gibt und schenkt, und gibt und schenkt
   Der Gaben viel ohn' Maß und Ziel
   Und sorgt und denkt.

4. Und liebt auch mich, und liebt auch mich,
   Gibt auf mich Acht; drum Tag und Nacht
   So froh bin ich.

78. Die schönste Zeit, die liebste Zeit.

1. Die schönste Zeit, die liebste Zeit,
   Sagt's allen Leuten weit und breit,
   Damit sich Jedes freuen mag,
   Das ist der liebe Weihnachtstag.

2. Den hat uns Gott, der Herr, bestellt,
   Den herrlichsten in aller Welt,
   Daß Jung und Alt, daß Groß und Klein
   So recht von Herzen froh soll sein.

3. Das beste Kind, das liebste Kind,
   So viele rings auf Erden sind,
   Kommt her und hört, damit ihr's wißt,
   Das ist der liebe Jesus Christ.

4. Wie der sich freundlich zu uns neigt,
   Mit seinen Händen nach uns reicht,
   Und wer sein Auge nur geseh'n,
   Will nimmer wieder von ihm geh'n.

5. Zur Weihnachtszeit, zur Weihnachtszeit,
Da kam er von dem Himmel weit
Zu seinen armen Menschen her,
In einer Krippe schlummert' er.

6. Das Christuskind in einem Stall:
Und ist doch von den Kindern all'
Kein and'res diesem Einen gleich
Auf Erden und im Himmelreich.

7. Das hören froh, das hören gern
Die Menschen alle nah und fern,
Und denken nicht an Weh und Leid,
Und freuen sich der schönen Zeit.

79. Gott sprach zu dir, du Kindlein klein.

1. Gott sprach zu dir, du Kindlein klein:
Ich will dein Gott und Vater sein;
Ruf' du zu ihm: O Vater mein,
Ich will dein treues Kind auch sein.

2. Gott sprach zu dir, du Kindlein klein:
Ich will dein Herr und Heiland sein;
Ruf' du zu ihm: O Heiland mein,
Ich will dein Knecht und Diener sein.

3. Gott sprach zu dir, du Kindlein klein:
Ich will dein Licht und Tröster sein;
Ruf' du zu ihm: O Tröster mein,
Ich will dein' heil'ge Wohnung sein.

4. So sprach Gott in der Taufe dein,
   So ruf' du stets im Leben dein.
   Betracht' es wohl, du Kindlein klein,
   Wann zum Verstand wirst kommen sein.

80. Heil'ge Weihnacht, Fest der Kinder.

1. Heil'ge Weihnacht, Fest der Kinder,
   Fest voll hoher Lust und Freud'
   Für die ganze Christenheit!
   Zeige uns den Ueberwinder,
   Der, gehüllt in Fleisch und Blut,
   Selbst ein Kind ward uns zu gut.
   Denn das Christkind soll allein
   Unsre Weihnachtsfreude sein.

2. Himmlisch ist des Engels Klarheit
   Bei den Hirten auf dem Feld,
   Denen er sich beigesellt;
   Süß der sel'gen Kunde Wahrheit,
   Daß der Heiland, Jesus Christ,
   Heute Mensch geboren ist.
   Ja! das 2c.

3. Friede, Friede sei auf Erden
   Und Gott in der Höh' sei Ehr;
   Wohlgefallen mehr und mehr
   Soll den Menschenkindern werden
   Durch die Wunder=Liebesthat,
   Heut gescheh'n in Davids Stadt.
   Ja! das 2c.

4. Herr, dein Lob klingt gar so heilig
Und beweget unsern Sinn,
Alles dir zu geben hin;
Mit den Hirten zieh'n wir eilig
Fort nach Bethlehem zum Stall,
Jauchzend laut mit frohem Schall:
Ja! das 2c.

5. Seht! da liegt es in der Krippen
Wohl in tiefster Niedrigkeit,
Aber doch voll Herrlichkeit;
Heil und Frieden auf den Lippen,
Ruft es lallend mich und dich
Voll Erbarmen hin zu sich.
Ja! das 2c.

6. Freudig fallen wir nun nieder,
Sagen unserm Heiland Dank,
Ehren ihn mit frohem Klang.
Höre, Jesu, unsre Lieder;
Mach' die Herzen liebeheiß,
Würdig dir zu singen Preis!
Dann wird unser Lied allein
Deine Weihnachtsfreude sein.

81. Weihnachten ist's wieder.

1. Weihnachten ist's wieder, das fröhliche
Fest;
O kommt, alle Kinder, seid jubelnde Gäst'!
Nach Bethlehem eilet und stimmt in die Reih'n
Der jauchzenden Engel frohlockend mit ein.

2. Weihnachten ist's wieder, die seligste Zeit,
Noch schöner als Frühling, der Blumen uns
beut:
Der Tannenbaum funkelt, ein schimmerndes
Meer,
Wir sehen nicht satt uns, wir freu'n uns so sehr.

3. Weihnachten ist's wieder, der heilige
Christ
Als Kind zu den Kindern gekommen einst ist.
O liebliches Kind in der Krippe, wir nah'n
Mit innigem Dank dir und beten dich an.

4. Du kamest hernieder vom himmlischen
Haus,
Ein Fremdling hienieden, zogst segnend du aus.
Nun soll unser Herz dir gehören allein,
Dann führst du auch endlich zum Himmel uns
ein.

82. O seliger Sabbath.

1. O seliger Sabbath, du Tag meines
Herrn!
Wie innig erfreust du mein Herz schon von fern!
Viel mehr, wenn mein Auge dein Morgenroth
blickt,
Fühl' ich mich beseligt, belebt und beglückt.

2. Zu eng wird die Kammer, es treibt mich
hinaus,
Mit Kindern des Höchsten zu geh'n in sein
Haus.

Dort lodert das Lob, wie im himmlischen Chor,
Von vielen Altären des Herzens empor.

3. Ein Bote, vom König des Friedens ge=
sandt,
Macht Sünder mit ihrer Erlösung bekannt.
Der Geisteswind rauschet! Der Todte erwacht
Und schmecket den Frieden, den Jesus gebracht.

4. O Sabbath! Ein herrliches Vorbild der
Ruh'
Des Sabbaths auf Edens Gefilden bist du!
Und wird einst in Gnaden mein Heimweh ge=
stillt,
Schau' ich sie, von himmlischer Wonne erfüllt.

83. Nacht umhüllte rings die Erde.

1. Nacht umhüllte rings die Erde,
Da sprach noch einmal Gott: es werde!
Und Licht entströmte seinem Thron.
Christus kam, das Licht der Heiden,
Der Herr will selbst die Heerde weiden.
Seht, Gottes Sohn wird Menschensohn.
Er hat in unsre Nacht
Der Wahrheit Licht gebracht.
Jauchzet Alle!
Aus ihm nur quillt, was Herzen stillt
Und sie mit Zuversicht erfüllt.

2. Diese Sonn' erlischt nicht wieder,
Sie strahlt stets neu auf Menschen nieder,

Die sonst in öde Nacht gebannt.
Wahrheit geht von Volk zu Volke,
Vertreibt des Irrthums düstre Wolke,
Denn Jesus Christus wird erkannt.
Ihr Völker, nehmt ihn auf
Und richtet euren Lauf
   Froh zum Himmel.
Er geht voran und macht uns Bahn
Am Ziel die Krone zu empfah'n.

3. Hör' im Geist der Engel Chöre.
Auf, bring' auch du ihm Preis und Ehre,
Bring' ihm dich selbst zum Opfer dar!
Du auch bist zum Fest geladen,
Nimm aus der Fülle seiner Gnaden!
Ein jedes Herz sei ein Altar!
Da brenne Licht und Gluth,
Da flamme Glaubensmuth,
   Hoffnung, Liebe.
Empor, empor, schallt unser Chor
Zu Gott, der uns zum Licht' erkor.

84. Zieht in Frieden eure Pfade.

Zieht in Frieden eure Pfade!
Mit euch des großen Gottes Gnade
Und seiner heil'gen Engel Wacht!
Wenn euch Jesu Hände schirmen,
Geht's unter Sonnenschein und Stürmen
Getrost und froh bei Tag und Nacht.
Lebt wohl, lebt wohl im Herrn!

Er sei euch nimmer fern
Spät und frühe!
Vergeßt uns nicht in seinem Licht
Und wenn ihr sucht sein Angesicht.

85. Du lieber, heil'ger, frommer Christ.

1. Du lieber, heil'ger, frommer Christ,
Der für uns Kinder kommen ist,
Damit wir sollen weiß' und rein
Und rechte Kinder Gottes sein!

2. Du Licht, vom lieben Gott gesandt
In unser dunkles Erdenland,
Du Himmelskind und Himmelsschein,
Damit wir sollen himmlisch sein!

3. Du lieber, heil'ger, frommer Christ,
Weil heute dein Geburtstag ist,
Drum ist auf Erden weit und breit
Bei allen Kindern frohe Zeit.

4. O segne mich! Ich bin noch klein,
O mache mir das Herze rein!
O bade mir die Seele hell
In deinem reinen Himmelsquell.

5. Daß ich wie Engel Gottes sei
In Demuth und in Liebe treu;
Daß ich dein bleibe für und für,
Du heil'ger Christ, das schenke mir.

86 Willkommen, liebes junges Jahr.

1. Willkommen, liebes junges Jahr
Mit deinen Augen frisch und klar,
Mit deinem raschen, frohen Schritt,
'Sag' an, was bringst du Schönes mit?

2. Vom Himmel her, da kommt dein Gang,
Drum ist mir gar nicht vor dir bang;
Du bist vom lieben Gott bestellt
Und bringest frohen Gruß der Welt.

3. Und was du trägst in deiner Hand,
Das ist ein theures Liebespfand,
Sei's Regen oder Sonnenschein,
Es wird zu unserm Segen sein.

87. Das Jahr ist nun zu Ende.

1. Das Jahr ist nun zu Ende,
Doch deine Liebe nicht;
Noch segnen deine Hände,
Noch scheint dein Gnadenlicht.

2. Des Glückes Säulen wanken,
Der Erde Gut zerstäubt,
Die alten Freunde wanken;
Doch deine Liebe bleibt.

3. Der Jugend Reiz vergehet,
Des Mannes Kraft wird matt;
Doch innerlich erstehet,
Wer dich zum Freunde hat.

4. Mein Tag ist hingeschwunden,
Mein Abend bricht herein:
Doch weil ich dich gefunden:
So kann ich fröhlich sein.

5. Das Dunkel ist gelichtet,
Das auf dem Grabe liegt;
Das Kreuz steht aufgerichtet,
An dem du hast gesiegt.

6. Erheben gleich die Sünden
Des alten Jahres sich:
Du lässest Heil verkünden
Und wirfst sie hinter dich.

7. Du heilest allen Schaden,
Hilfst mir aus der Gefahr.
Herr, sieh' mich an in Gnaden
Auch in dem neuen Jahr!

88. Die Gnade sei mit Allen.

1. Die Gnade sei mit Allen,
Die Gnade unsers Herrn,
Des Herrn, dem wir hier wallen,
Und seh'n sein Kommen gern.

2. Auf dem so schmalen Pfade
Gelingt uns ja kein Tritt,
Es gehe seine Gnade
Denn bis zum Ende mit.

3. Auf Gnade darf man trauen,
Man traut ihr ohne Reu',

Und wenn uns je will grauen,
So bleibt's: der Herr ist treu!

4. Die Gnade, die den Alten
Ihr Weh' half übersteh'n,
Wird uns ja auch erhalten,
Die wir in unserm fleh'n.

5. Wird stets der Jammer größer,
So glaubt und ruft man noch:
„Du mächtiger Erlöser,
Du kommst, so komme doch!"

6. Bald ist es überwunden
Nur durch des Lammes Blut,
Das in den schwersten Stunden
Die größten Thaten thut.

7. Herr, laß es dir gefallen,
Noch immer rufen wir:
„Die Gnade sei mit Allen,
Die Gnade sei mit mir!"

89. Mit dir, o Jesu, in dem Bunde.

1. Mit dir, o Jesu, in dem Bunde
Betreten wir dies neue Jahr
Und bringen dir in dieser Stunde
Uns selber, Herr, zum Tempel dar;
Kehr' ein in unser armes Herz
‖: Und zieh' es, Jesu, himmelwärts. :‖

2. O Dank für deine große Gnade,
Die uns bis hieher hat gebracht.

Du hast auf unserm Pilgerpfade
Stets über uns mit Huld gewacht.
Drum ist das Herz mit Dank erfüllt,
||: Du bist's, der allen Jammer stillt. :||

3. Was haben wir denn nun zu hoffen?
Ach nichts, als lauter Gnade nur.
Uns steht der Himmel immer offen,
Wir folgen deines Geistes Spur.
Die Hoffnung macht zu Schanden nicht,
||: Und dies ist unsre Zuversicht. :||

4. Und sollen wir denn gar nicht sorgen?
O nein, der Herr verbiet't es ja.
Der heut geholfen, hilft auch morgen,
Er ist in Kummer uns stets nah.
Du, Herr, kennst alle unsre Noth
||: Und segnest unser täglich Brot. :||

5. Was haben wir als Gottes Kinder
Denn in dem neuen Jahr zu thun?
Wir sehen stets auf deinen Finger;
Wenn du uns winkst, wer wollte ruh'n?
Und so getrost in's Jahr hinein;
||: Der Herr wird wieder mit uns sein. :||

90. Mir ist Erbarmung widerfahren.

1. Mir ist Erbarmung widerfahren,
Erbarmung, deren ich nicht werth;
Das zähl' ich zu dem Wunderbaren,
Mein stolzes Herz hat's nie begehrt.

Nun weiß ich das und bin erfreut,
||: Und rühme die Barmherzigkeit. :||

2. Ich hatte nichts als Zorn verdienet
Und soll bei Gott in Gnaden sein;
Gott hat mich mit ihm selbst versühnet
Und macht durch's Blut des Sohn's mich
    rein.
Wo kam dies her? Warum geschieht's?
||: Erbarmung ist's und weiter nichts. :||

3. Dies laß ich kein Geschöpf mir rauben,
Dies soll mein einzig Rühmen sein.
Auf dies Erbarmen will ich glauben,
Auf dieses bet' ich auch allein.
Auf dieses duld' ich in der Noth;
||: Auf dieses hoff' ich in dem Tod. :||

4. Gott, der du reich bist an Erbarmen,
Reiß dein Erbarmen nicht von mir,
Und führe durch den Tod mich Armen
Durch meines Heilands Tod zu dir.
Da bin ich ewig recht erfreut,
||: Und rühme die Barmherzigkeit. :||

91. Nun danket alle Gott.

1. Nun danket alle Gott
    Mit Herzen, Mund und Händen,
    Der große Dinge thut
    An uns und allen Enden.
    Der uns von Mutterleib

Und Kindesbeinen an
Unzählig viel zu gut
Und noch jetzund gethan.

2. Der ewig reiche Gott
Woll' uns bei unserm Leben
Ein immer fröhlich Herz
Und edlen Frieden geben;
Und uns in seiner Gnad'
Erhalten fort und fort,
Und uns aus aller Noth
Erlösen hier und dort.

3. Lob, Ehr' und Preis sei Gott,
Dem Vater und dem Sohne
Und dem, der beiden gleich
Im höchsten Himmelsthrone,
Dem dreimaleinen Gott,
Als es anfänglich war
Und ist und bleiben wird
Jetzund und immerdar!

92. Hohes, heil'ges Marterbild.

1. Hohes, heil'ges Marterbild,
Sei in aller Noth mein Schild!
Wenn die Sünde mich verklagt,
Wenn mir Leib und Seel' verzagt:
Sei in aller Noth mein Schild,
Hohes, heil'ges Marterbild.

2. Eig'ne Werke retten nicht,
Wenn du kommst und hältst Gericht.

Ob der Eifer brennend ist,
Aus dem Aug' die Thräne fließt:
Alles das tilgt nicht die Schuld,
Herr, es hilft nur deine Huld.

3. Wie ich bin, flieh' ich zu dir;
Neig' dich gnadenreich zu mir!
Ich bin nackt, du kleide mich,
Hilflos, ach, erbarme dich!
Unrein, wasch' mich durch dein Blut;
Ich bin arm, sei du mein Gut.

4. Hohes, heil'ges Marterbild,
Sei in aller Noth mein Schild!
Wenn mich Trübsal hier anficht,
Wenn der letzte Schweiß ausbricht:
Sei in aller Noth mein Schild,
Hohes, heil'ges Marterbild.

93. O in diesen Stunden.

1. O in diesen Stunden,
Holder Menschensohn,
‖: Wie hast du empfunden
So viel Schmerz und Hohn! :‖

2. Wie hat dich getroffen
Tausendfache Noth!
‖: Wunden stehen offen,
Kreuz ist da und Tod. :‖

3. Ja, du wolltest sterben
Für die Sünderwelt,

‖: Gabst, sie zu erwerben,
Blut zum Lösegeld. :‖

4. Laß es auf uns fließen,
Herr, dein heilig Blut!
‖: Gib, es zu genießen,
Lust und Glaubensmuth! :‖

5. Deines Kreuzes Segen
Laß uns angedeih'n,
‖: Daß sich Todte regen,
Lebende sich freu'n! :‖

94. O du Mann der Schmerzen.

1. O du Mann der Schmerzen,
An das Kreuz gespannt,
‖: Könnt' ich recht von Herzen
Küssen deine Hand. :‖

2. Wie der Nägel Ritze
Dir die Hand zerriß,
‖: Und des Speeres Spitze
Dir die Brust zerstieß! :‖

3. Wenn ich das erblicke,
Geht's mir innig nah,
‖: Daß du mir zum Glücke
Starbst auf Golgatha. :‖

4. Nimm zum Dank dagegen
Heut' noch Herz und Sinn;
‖: Sieh', ich will mich legen
Dir zu Füßen hin. :‖

95. Kommt, o liebe Kinder.

1. Kommt, o liebe Kinder,
   Kommt zum Kreuz heran,
   Seht den Freund der Sünder,
   Seht den Schmerzensmann.

2. Seht, ach seht ihn hangen;
   Seht an seinem Blut,
   Was er vor Verlangen
   Nach den Sündern thut.

3. Werdet durch die Schmerzen
   Seiner Marter weich!
   Schmelzet eure Herzen,
   Weint und bücket euch.

4. Denn, was er getragen,
   Das ist eure Last.
   Lernt euch selbst verklagen!
   Seid euch selbst verhaßt!

5. Gebt dem Lamm das Seine,
   Seinen Schmerzenslohn!
   Sagt ihm: Wir sind deine,
   Heil'ger Gottessohn!

6. Deines Leidens Beute,
   Dein erworb'nes Gut,
   Ewiglich wie heute
   Durch dein theures Blut.

7. Also setzt euch nieder,
   Bleibt auf Golgatha!

Singt ihm Freudenlieder,
Singt Hallelujah!

8. Preiset seine Wunden,
   Seinen bittern Tod,
   Seine Marterstunden,
   Seine Angst und Noth.

96. Wollt ihr wissen, was mei.. Preis?

1. Wollt ihr wissen, was mein Preis?
   Wollt ihr wissen, was ich weiß?
   Wollt ihr seh'n mein Eigenthum?
   Wollt ihr hören, was mein Ruhm?
   Jesus, der Gekreuzigte.

2. Wer ist meines Glaubens Grund?
   Wer stärkt und erweckt den Mund?
   Wer trägt meine Straf' und Schuld?
   Wer schafft mir des Vaters Huld?
   Jesus, der Gekreuzigte.

3. Wer ist meines Glaubens Kraft?
   Wer ist meines Lebens Saft?
   Wer macht mich gerecht und frei?
   Schafft, daß Gottes Kind ich sei?
   Jesus, der Gekreuzigte.

4. Wer ist meines Lebens Trost?
   Wer schützt, wenn der Feind erbost?
   Wer erquickt mein mattes Herz?
   Wer verbindet meinen Schmerz?
   Jesus, der Gekreuzigte.

5 Wer ist meines Todes Tod?
Wer hilft in der letzten Noth?
Wer versetzt mich in sein Reich?
Wer macht mich den Engeln gleich?
Jesus, der Gekreuzigte.

6. Nun, so wißt ihr, was ich weiß,
Wißt mein Glück und meinen Preis.
Meine Wonne soll es sein,
Ihm zu leben, ihm allein,
Jesu, dem Gekreuzigten.

97. Einer nur ist's ewig werth.

1. Einer nur ist's ewig werth,
Daß ihm Ehre widerfährt;
Einer nur, daß alle Welt
Betend vor ihm niederfällt:
Jesus, der vom Himmel kam.

2. Einer hat der Menschheit Last
In den treuen Arm gefaßt;
Einer nahm in's eigne Grab
Aller Sünder Schuld hinab:
Jesus, der am Kreuze starb.

3. Einer hat aus Todesnacht
Leben an das Licht gebracht,
Daß ein Strahl aus jener Welt
Unsrer Tage Nacht erhellt:
Jesus, der vom Tod erstand.

4. Einer hat den Zorn gestillt,
Dessen Opfer ewig gilt,
Der den Sündern jeder Frist
Ein barmherz'ger Priester ist:
Jesus, der gen Himmel fuhr.

5. Einer wohnt im Heiligthum
Und vollendet Gottes Ruhm,
Sammelt, heiligt und erbaut
Seinen Tempel, seine Braut:
Jesus, der vom Himmel kommt.

98. Nicht jener Thiere Blut.

1. Nicht jener Thiere Blut,
Das einst im Tempel floß,
Spricht für uns arme Schuldner gut,
Noch macht's von Sünden rein.

2. Du trugst, o Gotteslamm,
All' unsre Sünd' fürwahr,
Und brachtest dort am Kreuzesstamm
Ein bess'res Opfer dar.

3. Ich leg' die Glaubenshand.
Lamm Gottes, auf dein Haupt,
Auf dich sei meine Schuld bekannt,
Weil's so dein Wort erlaubt.

4. Da sehe ich, wie du
Die Sünde trugest dort,
So findet meine Seele Ruh';
Denn meine Schuld ist fort.

5. Im Glauben freu' ich mich,
   Der Fluch ist weggeschafft.
   Und fröhlich preis' ich ewig dich
   Und deines Blutes Kraft!

99. Weinen möcht' ich, bitter weinen.

1. Weinen möcht' ich, bitter weinen,
   Jesu Anblick bricht mein Herz;
   Selbst die Sonn' mag nicht mehr schei=
       nen;
   Felsen beben gar vor Schmerz.
   Dort auf jenem Marterhügel
   Leidet Jesus Angst und Noth,
   In dem heißen Trübsalstiegel
   Ist betrübt er bis zum Tod.

2. Möcht' in Thränen ganz zerfließen,
   Ach, wie rinnt sein blut'ger Schweiß!
   Ströme Blutes sich ergießen
   Aus der Brust, die liebeheiß.
   Klaffend steh'n die Wunden offen,
   Dürstend ringt das Gotteslamm;
   Nicht auf Labung darf es hoffen,
   Hingeschlacht't am Kreuzesstamm.

3. O welch' Anblick voller Schauer!
   Jesus, ach, erbarm' dich mein!
   Sieh' mein Herz in tiefer Trauer!
   Ich bin schuld an deiner Pein.
   Ach, wie hab' ich dich betrübet,
   Hab' verwundet dir das Herz,

Und wie haſt du mich geliebet!
Deine Lieb' bricht mir das Herz.

4. Nimmer will ich's mehr vergeſſen;
Alles haſt du dort vollbracht!
Als ich ſo am Kreuz geſeſſen,
Haſt du ſelig mich gemacht.
O ich hab' es wohl! empfunden,
Dein Blut macht von Sünden rein,
Und durch deine heil'gen Wunden
Geh' auch ich zum Himmel ein.

100. Sehet, ſehet, welche Liebe.

1. Sehet, ſehet, welche Liebe
Hat der Vater uns erzeigt,
Sehet, wie er voll Erbarmen
Ueber uns ſein Antlitz neigt!
Seht, wie er das Allerbeſte
Für das Allerſchlechtſte gibt:
Seinen Sohn für unſre Sünden.
Sehet, ſeh't, wie er uns liebt!

2. Sehet, ſehet, welche Liebe
Unſer Heiland zu uns trägt,
Wie er Alles für uns leidet,
Selbſt daß man an's Kreuz ihn ſchlägt!
Wie er da auch noch den letzten
Tropfen Bluts für uns vergießt.
Sehet, ſeh't, ob das nicht Liebe,
Namenloſe Liebe iſt!

3. Sehet, sehet, welche Liebe
Uns erzeigt der heil'ge Geist,
Wie er auch den ärgsten Sünder
Gern zum Leben unterweist,
Wie er strafend, lehrend, tröstend
Immer zu den Menschen spricht!
O wer priese solche große
Dreifach große Liebe nicht.

101. Der am Kreuz ist meine Liebe.

1. Der am Kreuz ist meine Liebe
Und sonst nichts in dieser Welt.
O daß er's doch ewig bliebe,
Der mir jetzt so wohl gefällt!
Nun, es bleibe fest dabei
Und mir jede Stunde neu;
Sei es heiter oder trübe:
Der am Kreuz ist meine Liebe!

2. Lieber wähl' ich diese Plage
Und der Liebe schweren Stand,
Als die sichern, guten Tage
Und der Ehre eitlen Tand.
Heiß' ich immerhin ein Thor,
Schmeichle mir die Welt in's Ohr,
Daß ich ihre Lust mit übe:
Der am Kreuz ist meine Liebe.

3. Diese Liebe lohnet endlich,
Führet uns in's Vaterhaus,
Ist zur letzten Zeit erkenntlich

Und theilt Kränz' und Kronen aus.
Ach, ach wollte Gott, daß doch
Alle Welt sich einmal noch
Dieses in das Herz einschriebe:
Der am Kreuz ist meine Liebe.

102. Wo ist Jesus, mein Verlangen.

1. Wo ist Jesus, mein Verlangen,
Mein Geliebter und mein Freund?
Ach, wo ist er hingegangen,
Wo mag er zu finden sein?
Meine Seel' ist sehr betrübet
Mit viel Sünd' und Ungemach.
Wo ist Jesus, den sie liebet,
Den sie suchet Nacht und Tag.

2. Ach, ich ruf' vor Angst und Schmerzen:
Wo ist denn mein Jesus hin?
Keine Ruh' hab' ich im Herzen
So lang', bis ich bei ihm bin.
Ach, wo sind' ich tausend Flügel,
Daß ich kann zu jeder Frist
Fliegen über Thal und Hügel,
Suchen, wo mein Heiland ist?

3. Er vertreibet Angst und Schmerzen,
Er vertreibet Sünd' und Tod,
Wenn sie quälen in dem Herzen,
Er hilft uns aus aller Noth.
Darum will ich nicht ablassen,
Will ihn suchen hin und her,

In den Feldern, auf den Straßen
Will ihn suchen mehr und mehr.

4. Liebster Jesu, laß dich finden,
Meine Seele ruft nach dir.
Ach, vergib mir meine Sünden!
Heiland, zieh' mich ganz zu dir,
Stille, Jesu, mein Verlangen!
Sei und bleibe du doch mein;
Laß mich einzig dir anhangen
Und auf ewig bei dir sein.

5. Ach, ich sterb' vor tausend Freuden,
Ich find' Jesum, meinen Schatz;
Alle Sünden will ich meiden,
Bei ihm will ich finden Platz.
Nimmermehr soll mich betrüben,
Was mich sonst betrübet hat;
Ich will nichts als Jesum lieben,
Den mein' Seel' gefunden hat.

103. Sei mir tausendmal gegrüßet.

1. Sei mir tausendmal gegrüßet,
Der mich je und je geliebt,
Jesu, der du selbst gebüßet
Das, womit ich dich betrübt!
Ach, wie ist mir doch so wohl,
Wenn ich knie'n und liegen soll
An dem Kreuze, wo du starbest
Und um meine Seele warbest.

2. Heile mich, o Heil der Seelen,
Der ich krank und traurig bin;
Nimm die Schmerzen, die mich quälen,
Nimm den ganzen Schaden hin,
Den mir Adams Fall gebracht
Und ich selber mir gemacht.
Ganz wird unter deinen Händen,
Treuer Gott, mein Jammer enden.

3. Schreibe deine blut'gen Wunden,
Jesu, in mein Herz hinein,
Daß sie mögen alle Stunden
Bei mir unvergessen sein.
Du bist doch mein schönstes Gut,
Da mein ganzes Herz mir ruht.
Laß mich stets zu deinen Füßen
Deiner Lieb' und Huld genießen.

104. Unter Jesu Kreuze steh'n.

1. Unter Jesu Kreuze steh'n
Und auf seine Wunden seh'n,
Ist ein Stand der Seligkeit,
Dessen sich der Glaube freut.

2. Nun heißt's bei dem Kreuzesstamm:
Siehe, das ist Gottes Lamm!
Und mein Glaube tröstet sich,
Diese Wunden sind für mich.

3. Dies ist Gottes Sohnes Blut,
Und es fließt auch mir zu gut.

Er bat: „Vater, ach vergib!"
Und bat dies auch mir zu lieb.

4. Hör' ich, wie der Schächer sprach,
O so sprech' ich diesem nach:
Herr, gedenke du zugleich
Meiner mit in deinem Reich!

5. Seh' ich, wie er überdies
Sich von Gott verlassen ließ:
O so hofft mein Glaube fest,
Daß sein Gott mich nicht verläßt.

6. Hör' ich, wie er rief: „Mich dürst't!"
Ruf' ich aus: o Lebensfürst,
Mir zum Heil nahmst du den Trank,
Dank sei dir, ja ewig Dank!

7. Hör' ich ihn: „Es ist vollbracht!"
Nimmt mein Glaube dies in Acht,
Die Versöhnung sei gescheh'n,
Und ich darf zum Vater geh'n.

8. Wie er letzt den Geist hingibt
Seinem Vater, der ihn liebt,
So ist meines Glaubens Bitt':
Herr, nimm meinen Geist auch mit.

9. Wenn ich sterbe, führ' mich du
Unter deinem Kreuz zur Ruh',
Laß vor deinem Thron mich steh'n
Und die Wunden herrlich seh'n.

105. Auch die Kinder sammelst du.

1. Auch die Kinder sammelst du,
Treuer Hirt, zur ew'gen Ruh'
Von dem Jammer dieser Welt,
Der sie schon so früh befällt.

2. Sie entgehen allem Leid,
Dieser trüben, letzten Zeit;
Bleiben von Verführung frei
Und bewahrt durch deine Treu'.

3. Dies Kind eilt der Heimath zu
In die ew'ge Himmelsruh',
Wo sein Heiland Jesus Christ
Ewig nun sein Alles ist.

4. Gläubig blicken wir dir nach
In dein stilles Schlafgemach,
Bitten um dein Aufersteh'n,
Freuen uns auf's Wiederseh'n.

106. Hörst du den Heiland flehen, zagen?

1. Hörst du den Heiland flehen, zagen?
Siehst du, wie er im Staube bebend ringt,
Wie ihn die Hölle fast bezwingt?
Sollt' dieser Anblick dich nicht fragen:
„Sieh', das thu' ich für dich,
Und was thust du für mich?"

2. Seht, welch ein Mensch! verhöhnt, ge=
schlagen!
Hör' ihn, mit Peitschenwunden überdeckt,
Das Rohr in seine Hand gesteckt,
Die Dornen auf dem Haupte, fragen:
„Sieh', das litt ich für dich!" —
„Leidest du auch für mich?"

3. Ach, sieh' ihn unter'm Kreuze wanken!
Sieh', wie die Last die wunden Glieder
Die unsre Schuld auf ihn gerückt! [drückt,
Willst du ihm mit der That auch danken?
Sieh', für dich geht er hin!
Und was thust du für ihn?

4. Ach, welche Schmerzen, welche Qualen
Litt an dem Kreuzesholze er für uns!
Die schwere Strafe unsres Thuns
Mußt' er mit seinem Blut bezahlen!
Sieh', das thatst du für mich:
Dein bin ich ewiglich.

107. O Haupt voll Blut und Wunden.

1. O Haupt voll Blut und Wunden,
Voll Schmerz und voller Hohn;
O Haupt, zum Spott gebunden
Mit einer Dornenkron;
O Haupt, sonst schön gezieret
Mit höchster Ehr' und Zier,
Jetzt aber höchst verhöhnet,
Gegrüßet seist du mir.

2. Du edles Angesichte,
Davor sonst schrickt und scheut
Das große Weltgewichte,
Wie bist du so bespeit!
Wie bist du so erbleichet!
Wer hat dein Augenlicht,
Dem sonst kein Licht mehr gleichet,
So übel zugericht't?

3. Nun, was du, Herr, erduldet,
Ist Alles meine Last,
Ich hab' es selbst verschuldet,
Was du getragen hast.
Schau her, hier steh' ich Armer,
Der Zorn verdienet hat;
Gib mir, o mein Erbarmer,
Den Anblick deiner Gnad'!

4. Wenn ich einmal soll scheiden,
So scheide nicht von mir,
Wenn ich den Tod soll leiden,
So tritt du dann herfür;
Wenn mir am allerbängsten
Wird um das Herze sein,
So reiß' mich aus den Aengsten
Kraft deiner Angst und Pein.

5. Erscheine mir zum Schilde,
Zum Trost in meinem Tod,
Und laß mich seh'n dein Bilde
In deiner Kreuzesnoth;

Da will ich nach dir blicken,
Da will ich glaubensvoll
Dich fest an mein Herz drücken.
Wer so stirbt, der stirbt wohl.

108. Mann der Schmerzen.

1. Mann der Schmerzen, in dem Garten
Lagst du in dem Mondeslicht,
Bang und zitternd zu erwarten
Deine Angst, dein Blutgericht.
Dort im Staub seh' ich dich zagen,
Seh' dich meine Strafe tragen,
Deinen blut'gen Schweiß seh' ich;
Ach, was leidest du für mich!

2. O du Blut, für mich geflossen,
Ströme nieder in mein Herz!
Lebensblut, für mich vergossen,
Heile meiner Sünde Schmerz!
Blut des Lammes, Lebensquelle,
Wasche meine Kleider helle;
Deine Marter, Angst und Blut
Komme ewig mir zu gut.

3. O mein Heiland, du willst sterben,
Hängst am Marterholz für mich,
Mir den Himmel zu erwerben,
Mir verschlossen ohne dich!
Ach, ich höre dich verachten,
Sehe dich für mich verschmachten,
Sehe, wie dein Auge bricht;
Diesen Blick vergeß ich nicht.

109. Saft vom Felsen.

1. Saft vom Felsen, Blut des Hirten,
Segenspfand und Lösegeld,
Trank, die Schäflein zu bewirthen
In der Wüste dieser Welt;
Thau vom Himmel, Lebensquelle,
Roth von Farbe, schön und helle,
Wie soll jetzt nach Würden ich,
Blutschweiß Gottes, preisen dich?

2. O du Kraft der müden Seelen,
Dring' in Muth und Geist mir ein!
Könnt' ich alle Tröpflein zählen,
Und mein Herz die Schaale sein,
Solches brünstig aufzufassen;
Ach, ich würde es nicht lassen,
Sondern, wie man Perlen thut,
Halten sie in treuer Hut.

3. Werden starr die Augenlider,
Geht's dem letzten Stündlein zu,
Senkt sich Dunkel auf mich nieder,
Seufzt das Herz nach ew'ger Ruh',
Heil mir, denn es ist geflossen
Jesu Blut, für mich vergossen,
Und auf dieses Stromes Bahn
Geht es selig himmelan.

110. Der Himmel steht offen.

1. Der Himmel steht offen, Herz weißt du,
warum?
:|: Weil Jesus gekämpft und geblutet darum. :|

2. Auf Golgathas Hügel, da litt er für dich,
‖: Als er für die Sünder am Kreuze erblich. :‖

3. So komm doch, o Seele, komm her zu
dem Herrn,
‖: Und klag' deine Sünden; er hilft ja so gern. :‖

4. Wenn gleich deine Sünden so roth sind
wie Blut,
‖: Es machen die Wunden des Heilands sie
gut. :‖

5. Und wenn du dich kränkest in Sorgen und
Schmerz,
‖: Leg' Alles dem liebenden Heiland an's
Herz. :‖

6. Er leichtert die Schmerzen, hilft tragen
die Noth!
‖: Er führt dich so freundlich und sanft bis zum
Tod. :‖

7. O Jesu, mein Heiland, mein Hort und
mein Theil,
‖: In dir nur ist Frieden, in dir nur ist Heil. :‖

111. Marter Christi! wer kann dein vergessen?

1. Marter Christi! wer kann dein vergessen,
Der in dir sein Wohlsein find't!
Niemand kann die Liebesgluth ermessen,

Die uns stets zum Dank entzünd't.
Unsre Seele soll an dir sich nähren,
Unsre Ohren nie was Lieb'res hören;
Alle Tage kommt er mir
Schöner in dem Bilde für.

2. Tausend Dank, du treues Herz der Herzen!
Alles in uns betet an,
Daß du unter Martern, Angst und Schmer=
Hast genug für uns gethan. [zen
Laß dich Jedes um so treuer lieben,
Als es noch im Glauben sich muß üben,
Bis es einst mit deiner Braut
Dir in's Angesichte schaut!

3. Meine kranke und bedürft'ge Seele
Eilt auf deine Wunden zu;
Denn sie find't in deiner Seitenhöhle
Trost und Labsal, Fried' und Ruh'.
Auf dein Kreuz laß, Herr, mich gläubig
sehen,
Laß dein Marterbild stets vor mir stehen!
So geht mir bis in mein Grab
Nichts an Seligkeiten ab.

4. Die wir uns allhier beisammen finden,
Schlagen unsre Hände ein,
Uns auf deine Marter zu verbinden,
Dir auf ewig treu zu sein.
Und zum Zeichen, daß dies Lobgetöne
Deinem Herzen angenehm und schöne,
Sage: Amen! und zugleich:
Friede, Friede. sei mit euch!

112. Ich sag' es Jedem, daß er lebt.

1. Ich sag' es Jedem, daß er lebt
Und auferstanden ist,
Daß er in unsrer Mitte schwebt
Und ewig bei uns ist.

2. Ich sag' es Jedem, Jeder sagt
Es seinen Freunden gleich,
Daß bald an allen Orten tagt
Das neue Himmelreich.

3. Jetzt scheint die Welt dem neuen Sinn
Erst wie ein Vaterland,
Ein neues Leben nimmt man hin
Entzückt aus seiner Hand.

4. Hinunter in das tiefe Meer
Versank des Todes Grau'n
Und Jeder kann nun licht und hehr
In seine Zukunft schau'n.

5. Der dunkle Weg, den er betrat,
Geht in den Himmel aus,
Und wer nur hört auf seinen Rath,
Kommt auch in's Vaterhaus.

6. Nun wein' auch Keiner mehr allhier,
Wenn Eins die Augen schließt;
Vom Wiederseh'n spät oder früh
Wird aller Schmerz versüßt.

7. Er lebt und wird nun bei uns sein,
Wenn Alles uns verläßt,
Und so soll dieser Tag uns sein
Ein rechtes Freudenfest.

113. Ostern, Ostern, Frühlingswehen.

1. Ostern, Ostern, Frühlingswehen!
Ostern, Ostern, Auferstehen
||: Aus des tiefen Grabes Nacht! :||
Blumen sollen fröhlich blühen,
Herzen sollen heimlich glühen,
Denn der Heiland ist erwacht.

2. Trotz euch! höllische Gewalten!
Hättet ihn wohl gern behalten,
||: Der euch in den Abgrund zwang! :||
Mochtet ihr das Leben binden?
Aus des Todes düstern Gründen
Dringt hinan sein ew'ger Gang.

3. Der im Grabe lag gebunden,
Hat den Satan überwunden,
||: Und der lange Kerker bricht! :||
Frühling spielet auf der Erden,
Frühling soll's im Herzen werden,
Herrschen soll das ew'ge Licht.

4. Alle Gräber sind nun heilig,
Grabesträume schwinden eilig,
||: Seit im Grabe Jesus lag. :||
Jahre, Monden, Tage, Stunden,
Zeit und Raum, wie schnell entschwunden!
Und es scheint ein ew'ger Tag!

114. O wie strahlt die Lebenskrone.

1. O wie strahlt die Lebenskrone,
Die zum sel'gen Gnadenlohne

‖: Gottes Sohn mir zugedacht, :‖
Wenn ich treu bis hin zum Grabe
Ritterlich gekämpfet habe
Und den Pilgerlauf vollbracht.

2. O wie blinken Zions Mauern,
Da sich endet alles Trauern
‖: Und ein ew'ger Sabbath ist, :‖
Da der Engel Harfen klingen
Und die Auserwählten singen:
Hochgelobt sei Jesus Christ!

3. O wie glänzt die weiße Seide
An der Ueberwinder Kleide
‖: Droben am krystall'nen Meer! :‖
Dort umströmt sie ew'ge Wonne,
Denn der Herr ist ihre Sonne
Und ihr Ein und Alles er.

4. Doch, werd' ich es auch ererben,
Was durch Leiden und durch Sterben
‖: Jesus mir verdienet hat? :
Ja, wenn Leib und Seel' und Leben
Sich dir ganz zu eigen geben,
Komm' auch ich zur Gottesstadt.

115. Jesus, meine Zuversicht.

1. Jesus, meine Zuversicht
Und mein Heiland, ist im Leben.
Dieses weiß ich, sollt' ich nicht

Darum mich zufrieden geben,
Was die lange Todesnacht
Mir auch für Gedanken macht?

2. Jesus, er mein Heiland lebt;
Ich werd' auch das Leben schauen,
Sein, wo mein Erlöser schwebt;
Warum sollte mir denn grauen?
Lässet auch ein Haupt sein Glied,
Welches es nicht nach sich zieht?

3. Ich bin durch der Hoffnung Band
Zu genau mit ihm verbunden;
Meine starke Glaubenshand
Wird in ihn gelegt befunden,
Daß mich auch kein Todesbann
Ewig von ihm trennen kann.

4. Ich bin Fleisch und muß daher
Auch einmal zu Asche werden;
Dieses weiß ich, doch wird er
Mich erwecken aus der Erden,
Daß ich in der Herrlichkeit
Um ihn sein mög' allezeit.

5. Dann wird diese meine Haut
Mich umgeben, wie ich gläube,
Gott wird werden angeschaut
Dann von mir in diesem Leibe,
Und in diesem Fleisch werd' ich;
Jesum sehen ewiglich.

116. O Tod, wo ist dein Stachel nun?

1. O Tod, wo ist dein Stachel nun?
   Wo ist dein Sieg, o Hölle?
   Was kann uns jetzt der Teufel thun,
   So grausam er sich stelle?
   Gott sei gedankt, der uns den Sieg
   So herrlich hat nach diesem Krieg
   Durch Jesus Christ gegeben.

2. Wie sträubte sich die alte Schlang,'
   Als Christus mit ihr kämpfte!
   Mit List und Macht sie auf ihn drang,
   Jedennoch er sie dämpfte;
   Ob sie ihn in die Fersen sticht,
   So sieget sie doch darum nicht,
   Der Kopf ist ihr zertreten.

3. Lebendig Christus kommt herfür,
   Die Feind' nimmt er gefangen,
   Zerbricht der Höllen Schloß und Thür,
   Trägt weg den Raub mit Prangen.
   Nichts ist, das in dem Siegeslauf
   Den starken Held kann halten auf;
   All's liegt da überwunden.

117. Herr Jesu, wie erhöht bist du!

1. Herr Jesu, wie erhöht bist du!
   Du fuhrst dem Thron des Vaters zu,
   Daß du vor Gott für uns erschienst,
   Für dein Volk, das du Gott versühnst.

2. Da nahmst du alle Himmel ein,
Die dir der Vater gab als dein;
Da hast dein Blut du eingebracht
Und uns den Weg bereit gemacht.

3. Elias fuhr dem Himmel zu,
Doch über Alle fuhrest du;
Wo Niemand ist, als Gott allein,
Da kann, wie du, kein Engel sein.

4. Wir beten dich in Demuth an
Und rühmen, was du uns gethan,
Und loben dich auf deinem Thron
Und danken dir als Gottes Sohn.

5. Nun dürfen wir gen Himmel seh'n,
Der Glaube sieht ihn offen steh'n,
Und unser Beten bringt durch ihn
Bis zu des Vaters Herzen hin.

6. Herr, zeuch jetzt Geist und Seele mir
Und einst vom Grab den Leib nach dir.
Das rechte Lob wird noch gespart
Bis zu der sel'gen Himmelfahrt.

118. Du heilige Dreieinigkeit.

1. Du heilige Dreieinigkeit,
Wir loben dich in Ewigkeit.
Laß uns nun dir im Geiste nah'n,
Heil, Fried' und Segen zu empfah'n.

2. O Vater, der du deinen Sohn
Zu uns gesandt von deinem Thron,
Gib, daß ein Jedes hier auf Erd'
Zu einem Geiste mit ihm werd'.

3. Herr Jesu, der du uns erlös't,
Daß unser Herz sich gläubig tröst't,
Ach, blick' uns Sünder gnädig an,
Weil du für uns genug gethan.

4. Bleib' ewig unser lieber Herr,
Dem Jeder gern zur Freude wär'.
Dein Auge leit' uns Schritt vor Schritt,
So folgt uns lauter Segen mit.

5. Gott heil'ger Geist, du höchste Kraft,
Deß Gnade Alles in uns schafft,
Der du der Gläub'gen Leib und Geist
Zu einem Tempel Gottes weih'st!

6. Bewahre uns an Leib und Seel'
Vor Sünde und vor jedem Fehl;
Und schmück' uns innerlich so schön,
Wie's Jesu Augen gerne seh'n!

119. Fest der Himmelfahrt ist heut'.

1. Fest der Himmelfahrt ist heut',
Alle Kinder seh'n erfreut
Zu dem Himmel hell hinau,
Seh'n die Pforten aufgethan;

2. Weil der Heiland Jesus Christ,
Der vom Himmel kommen ist,
Heute wieder ziehet ein,
Will bei seinem Vater sein.

3. Und die lieben Englein all'
Geh'n mit lautem Jubelschall
Froh, entgegen ihrem Herrn,
Daß er nun nicht mehr so fern.

4. Und wir, alle Kinder, steh'n,
Wollen auch es mit anseh'n,
Weil ja der Herr Jesus Christ
Unser lieber Bruder ist;

5. Will vom Himmelsthrone nun
Uns viel Lieb's und Gutes thun,
Nimmt uns einst zur rechten Zeit
Auf in seine Seligkeit.

120. Sieh', wie lieblich und wie fein

1. Sieh', wie lieblich und wie fein
Ist's, wenn Brüder friedlich sein,
Wenn ihr Thun einträchtig ist,
Ohne Falschheit, Trug und List.

2. Aber ach, wie ist die Lieb'
So erloschen, daß kein Trieb
Fast auf Erden wird gespürt,
Der des andern Herze rührt.

3. Jeder fast lebt für sich hin
In der Welt nach seinem Sinn,
Denkt an seinen Bruder nicht.
Ach, wo bleibt die Liebespflicht?

4. O Herr Jesu, Gottes Sohn,
Schaue doch von deinem Thron,
Schaue die Zerstörung an,
Die kein Mensch verhindern kann.

5. Bind' zusammen Herz und Herz,
Laß uns trennen keinen Schmerz.
Heile selbst durch deine Hand
Das zerriss'ne Brüderband.

121. O Jesu, Gottes Sohn.

1. O Jesu, Gottes Sohn!
Du waltest heilig fern' und nah'
Von deinem Himmelsthron,
Du sprichst, so steht es da.
‖: Hallelujah! Hallelujah! :‖
‖: Denn unser Gott bist du, :‖
Und unser Fels und süße Ruh'.

2. Du Tilger unsrer Schuld,
Dein Friedensbund wird nicht vergeh'n,
Und deine Gnad' und Huld
Wird ewiglich besteh'n.
‖: Hallelujah! Hallelujah! :‖
‖: Auf dich seh'n allezeit, :‖
Daraus fließt Kraft und Seligkeit.

3. Du starker Siegesheld,
Wir folgen deinem Siegeslauf
Hinan durch Tod und Grab;
Du weckst die Todten auf.
‖: Hallelujah, Hallelujah!:‖
‖: Krönst uns nach kurzem Streit:‖
Mit deiner Siegesherrlichkeit.

122. Jesus Christus herrscht als König.

1. Jesus Christus herrscht als König,
Alles ist ihm unterthänig,
‖: Alles legt ihm Gott zu Fuß.:‖
Jede Zunge soll bekennen:
Jesus sei der Herr zu nennen,
‖: Dem man Ehre geben muß.:‖

2. Fürstenthümer und Gewalten,
Mächten, die die Thronwacht halten,
‖: Geben ihm die Herrlichkeit.:‖
Alle Herrschaft dort im Himmel,
Hier, im irdischen Getümmel,
‖: Ist zu seinem Dienst bereit.:‖

3. Engel und erhab'ne Thronen,
Die beim ew'gen Lichte wohnen, —
‖: Nichts ist gegen Jesum groß.:‖
Alle Namen hier auf Erden,
Wie sie auch vergöttert werden:
‖: Sie sind Theil' aus seinem Loos.:‖

4. Gott, des Weltalls großer Meister,
Hat die Engel wohl als Geister

‖: Und als Flammen um den Thron; :‖
Sagt' er aber je zu Knechten:
„Setze dich zu meiner Rechten!"?
‖: Nein, er sprach es zu dem Sohn. :‖

5. Gott ist Herr, der Herr ist Einer,
Und demselben gleichet Keiner;
‖: Nur der Sohn, der ist ihm gleich, :‖
Dessen Stuhl ist unumstößlich,
Dessen Leben unauflöslich,
‖: Dessen Reich ein ew'ges Reich. :‖

6. Jauchzt ihm, Menge heil'ger Knechte!
Rühmt, vollendete Gerechte,
‖: Und die Schaar, die Palmen trägt: ‖
Und ihr Märt'rer mit der Krone,
Und du Chor vor seinem Throne,
‖: Der die Gottesharfen schlägt! :‖

7. Ich auch auf den tiefsten Stufen,
Ich will glauben, zeugen, rufen,
‖: Ob ich schon ein Pilgrim bin: :‖
Jesus Christus herrscht als König!
Alles sei ihm unterthänig!
‖: Ehret, liebet, lobet ihn! :‖

123. Es harrt die Braut so lange schon.

1. Es harrt die Braut so lange schon,
O Herr, auf dein Erscheinen;
Wann wirst du kommen, Gottes Sohn,

Zu stillen all ihr Weinen
Durch deiner Nähe Seligkeit?
Wann bringst du die Erquickungszeit?
‖: O komme bald, Herr Jesu! :‖

2. Zwar bist du schon zu jeder Stund'
In deiner Jünger Mitte,
Sprichst Frieden aus durch deinen Mund,
Erhörest Lob und Bitte.
Doch Heiland ganz genügt's noch nicht,
Wir möchten schau'n dein Angesicht.
‖: O komme u. s. w. :‖

3. O laß uns wachen spät und früh,
Laß unsre Lampen brennen;
Das heil'ge Oel uns mangle nie,
Laß nichts von dir uns trennen,
Auf daß, wenn nun dein Ruf erschallt:
„Der Bräut'gam kommt," er widerhallt:
‖: O komme u. s. w. :‖

4. So steh'n wir denn und harren dein
Geschmückt in deinem Kleide;
Und sehnen uns, mit dir zu sein
Bei deiner Hochzeitsfreude.
Wir schauen freudig himmelwärts
Und immer lauter ruft das Herz:
‖: O komme u. s. w. :‖

124. O heil'ger Geist, von Himmels-höh'n.

1. O heil'ger Geist, von Himmelshöh'n
Kamst einstens du mit Sturmesweh'n

In Feuerflammen licht und klar
Herab auf der Apostel Schaar.

2. Gabst ihrem Glauben Licht und Kraft
Und ihrem Geiste Wissenschaft
Und ihrem Hoffen neuen Muth
Und ihrer Liebe heil'ge Gluth.

3. Auch unsre Herzen, schwach und klein,
Sie harren auf die Gaben dein,
Gleichwie die Blumen auf der Au',
Still wartend auf des Himmels Thau.

4. O komm' in unsre Herzen, komm',
Und mach' sie weise, gut und fromm!
Schenk' Glauben uns und heil'gen Sinn,
Fach' an der Liebe Gluth darin.

5. Gib uns in der Versuchung Kraft,
Wehr' ab den Sturm der Leidenschaft,
O heil'ger Geist, kehr' bei uns ein
Und führ' uns einst zum Himmel ein.

125. Der Sonntag kommt mit leisem Tritt.

1. Der Sonntag kommt mit leisem Tritt
Und bringt viel Freud' und Segen mit.
Sei uns willkommen, Tag des Herrn!
Wir seh'n dich alle herzlich gern.

2. Wie freundlich hat uns Gott bedacht,
Daß er den Sabbath hat gemacht,

Zu ruhen von der Hände Werk,
Daß Leib und Seel' sich wieder stärk'.

3. Heut' tönt in Kirchen ohne Zahl
Des Wortes Gottes süßer Schall,
In Sonntagsschulen weit und breit
Freu'n sich viel tausend Kinder heut'.

4. Von innen und von außen rein
Soll jedes Kind am Sonntag sein,
Von Lärm und wildem Spiele fern,
So hat's der Herr des Sabbaths gern.

5. Drum, lieber Sonntag, sehnen wir
Die ganze Woche uns nach dir.
Sei uns willkommen, Tag des Herrn!
Wir seh'n dich alle herzlich gern.

126. Sei ewig gepreist.

1. Sei ewig gepreist,
Gott heiliger Geist,
Der Odem und Kraft   [schafft.
Zum Leben im Glauben an Jesum ver=

2. Wir kannten ihn nicht,
Bis daß uns dein Licht
Im Herzen erschien,
Und unsere Augen hinlenkte auf ihn.

3. Du bracht'st uns ihm nah',
Und gleich stand er da
Voll Gnade und Güt',
In der Gestalt, wie er den Tod für uns litt.

4. Die nahm uns das Herz;
Sein blutiger Schmerz
Drang in uns hinein
Und machte geschmolzene Herzen aus Stein.

5. Wir opfern dir Dank
Mit Lob und Gesang;
Ach heil'ge uns ihm,   [rühm'.
Daß Geist, Leib und Seele ihn preise und

6. Du gabst uns ein Herz
Zum Manne voll Schmerz,
Ein Herz, das entbrennt,
So oft man ihm seinen Immanuel nennt.

127. In Christo gelebt.

1. In Christo gelebt,
Vor Gotte geschwebt,
Daß nichts von ihm trennt,
Macht fröhlich und bringet ein seliges End'.

2. Wer lebet im Herrn,
Der stirbet auch gern
Und fürchtet sich nicht,   [Gericht.
Denn wer an ihn glaubet, kommt nicht in's

3. Ein Christ stirbt ja nicht,
Ob man schon so spricht.
Sein Elend stirbt nur:
So stehet er da in der reinen Natur.

4. Wär' nur insgemein
Der Ernst nicht so klein!

Drum fürcht't man den Tod,   [noth.
Weil man nicht stets denket auf's Eine, was

5. O heiliger Gott!
Tödt' in mir den Tod.
Das sterbliche Theil
Durchdringe dein göttliches Leben und Heil.

128. Geist vom Vater, thaue, thaue.

1. Geist vom Vater, thaue, thaue
Segen auf die dürre Flur,
Daß dein Liebeswirken preise
Die erquickte Creatur.

2. Geist des Lebens, wehe, wehe
Ueber's weite Todtenfeld;
Weck' die Seelen aus dem Schlafe,
Die der Tod gebunden hält.

3. Geist des Lichtes, leuchte, leuchte,
Wo es finster ist und Nacht,
Daß die Finsterniß bald weiche
Und die Nacht zum Tag erwacht.

4. Geistesflamme, zünde, zünde,
Heller hier dein Feuer an,
Daß es deiner Jünger Herzen
Wärmen, heil'gen, läutern kann.

5. Jesus Christus, höre, höre,
Sprich dein Amen, wenn wir fleh'n.
Send' einmal in unsre Lande
Ein gewalt'ges Geistesweh'n.

129. Wie ein Hirt, dein Volk zu weiden.

1. Wie ein Hirt, dein Volk zu weiden,
Ließest du dich mild herab.
Reich an Segen, reich an Freuden
Weidet uns dein Hirtenstab.

2. O wie könnt' ein Mund erzählen,
Was du deiner Heerde bist?
Welch ein Gutes kann uns fehlen?
Unser Hirt ist Jesus Christ.

3. Kann Gefahr und Noth uns schrecken?
Ist nicht Kraft in deinem Arm?
Uns ermannt dein Stab und Stecken
Und vertreibet Angst und Harm.

4. Machet uns die Krankheit zagen,
Wer gibt Trost und süße Ruh'?
Wer kann pflegen, heben, tragen,
Wer hat Heilandskraft wie du?

5. Nimm, o nimm dich deiner Heerde,
Großer Hirt, auch meiner an!
Und durch jeden Kreis der Erde
Weit're sich dein Hirtenplan.

130. O heil'ger Geist, kehr' bei uns ein.

1. O heil'ger Geist, kehr bei uns ein
Und laß uns deine Wohnung sein,
O komm', du Herzenssonne!
Du Himmelslicht, laß deinen Schein

Bei uns und in uns kräftig sein,
Zu steter Freud' und Wonne.
Sonne, Wonne,
Himmlisch' Leben wirst du geben,
Wenn wir beten.
Zu dir kommen wir getreten.

2. Du Quell, draus alle Weisheit fließt,
Die sich in fromme Seelen gießt,
Laß deinen Trost uns hören;
Daß wir in Glaubenseinigkeit
Auch Andre in der Christenheit
Dein wahres Zeugniß lehren.
Höre, lehre,
Herz und Sinnen zu gewinnen,
Dich zu preisen,
Gut's dem Nächsten zu erweisen.

3. Steh' uns stets bei mit deinem Rath
Und führ' uns selbst den rechten Pfad,
Wenn wir den Weg nicht wissen.
Gib uns Beständigkeit, daß wir
Getreu dir bleiben für und für,
Auch wenn wir leiden müssen.
Schaue, baue,
Was zerrissen und geflissen,
Dich zu schauen
Und auf deinen Trost zu bauen.

131. Geist des Herrn.

1. Geist des Herrn, :||
Komm' herab, bleib' nicht fern!

Komm', erfülle die Gemüther,
Daß wir werden Jesu Glieder,
Daß wir werden Jesu Leib.

2. Geist des Herrn, :||
Komm' herab, bleib' nicht fern!
Komm', erfülle unsre Herzen,
Tröst' uns ob der Sünden Schmerzen,
Laß uns deine Wohnung sein.

3. Geist des Herrn, :||
Komm' herab, bleib' nicht fern!
Leit' uns, Herr, in alle Wahrheit,
Führ' uns zu der ew'gen Klarheit,
Führ' uns, Herr, zum Himmel ein!

132. Laßt mich geh'n.

1. Laßt mich geh'n, :||
Daß ich Jesum möge seh'n;
Meine Seel' ist voll Verlangen,
Ihn auf ewig zu umfangen
Und vor seinem Thron zu steh'n.

2. Süßes Licht, :||
Sonne, die durch Wolken bricht;
O, wann werd' ich dahin kommen,
Daß ich einst mit allen Frommen
Schau' dein holdes Angesicht.

3. Ach, wie schön :||
Ist der Engel Lobgetön!
Hätt' ich Flügel, hätt' ich Flügel,
Flög' ich über Thal und Hügel
Heute noch nach Zions Höh'n.

4. Wie wird's sein, :||
Wenn wir zieh'n in Salem ein,
In die Stadt der gold'nen Gassen!
Herr, mein Gott, ich kann's nicht fassen,
Was das wird für Wonne sein.

5. Paradies, :||
Wie ist deine Frucht so süß!
Unter deinen Lebensbäumen
Wird uns sein, als ob wir träumen.
Bring' uns, Herr, in's Paradies!

133. O süßer Trost von oben.

1. O süßer Trost von oben,
O heil'ger Gottesgeist!
Du bist es, den wir loben,
Den Herz und Zunge preist.
O lehr' uns hell erkennen,
Was uns von Gott will trennen,
Was Welt und Sünde heißt.

2. Ach unser Sinn'n und Trachten
Ist böse von Natur,
Daß wir so oft verachten
Der Wahrheit heil'ge Spur;
Da wir doch sollten streben,
Dir nur allein zu leben,
Dir, o Herr Jesus, dir!

3. Laß uns die Wahrheit suchen,
Gib ein gehorsam Herz,
Lehr' uns dem Leichtsinn fluchen,

Der uns verdirbt das Herz;
Daß wir uns lassen ziehen,
Unart und Sünde fliehen
Und streben himmelwärts.

4. An Alter, Weisheit, Gnade
Laß, Herr, uns wachsen doch,
Damit uns nicht belade
Der Sünde schweres Joch.
Lehr' uns die Thorheit hassen
Und in der Jugend fassen
Zucht, Weisheit, Tugend doch!

5. Laß unsre Eltern sehen
An uns viel Herzenslust!
Gieß aus den Himmelshöhen
Die Lieb' in unsre Brust!
So wollen wir es preisen,
Wie du auf tausend Weisen
Wohl deinen Kindern thust.

134. Danket dem Schöpfer!

1. Danket dem Schöpfer! Groß ist seine
  Liebe.
Väterlich sorget er für seine Kinder.
Hoch sei sein Name stets von uns gepriesen!
Dank dir, Jehovah!

2. Danket dem Heiland! groß ist sein Er=
  barmen.
Brüderlich sorget er für alle Menschen.
Folgt seinem Beispiel, helfet auch den Armen!
Ehrt den Erlöser!

3. Danket dem Geiste, Preis dem Schirm
   der Kirche!
Gnädiglich wachet er für die Erlösten.
Horcht seinem Rufe, sterbet ab der Sünde,
Lebet dem Geiste.

135. Ach, mein Herr Jesu.

1. Ach, mein Herr Jesu, wenn ich dich nicht
   hätte
Und wenn dein Blut nicht für die Sünder red'te,
Wo wollt' ich, ärmster unter den Elenden,
Mich sonst hinwenden?

2. Ich wüßte nicht, wo ich vor Jammer
   bliebe;
Denn wo ist solch ein Herz, wie dein's voll
   Liebe?
Du, du bist meine Zuversicht alleine,
Sonst weiß ich keine.

3. Drum dank' ich dir vom Grunde meiner
   Seelen,
Daß du nach deinem ewigen Erwählen
Auch mich zu deiner Blutgemeinde brachtest
Und selig machtest.

136. Allein Gott in der Höh' sei Ehr.

1. Allein Gott in der Höh' sei Ehr'
   Und Dank für seine Gnade,
   Darum, daß nun und nimmermehr
   Uns rühren kann kein Schade.

Ein Wohlgefall'n Gott an uns hat.
Nun ist groß' Fried' ohn' Unterlaß,
All' Fehd' hat nun ein Ende.

2. Wir loben, preis'n, anbeten dich
Für deine Ehr', wir danken,
Daß du, Gott Vater, ewiglich
Regierst ohn' alles Wanken.
Ganz ungemessen ist dein Macht,
Fort g'schieht, was dein Will' hat bedacht,
Wohl uns des feinen Herren!

3. O Jesu Christ, Sohn eingebor'n
Deines himmlischen Vaters,
Versöhner derer, die verlor'n,
Du Stiller unsers Haders,
Lamm Gottes, heil'ger Herr und Gott,
Nimm an die Bitt' von unsrer Noth,
Erbarm' dich unser Aller!

4. O heil'ger Geist, du größtes Gut,
Du all'rheilsamster Tröster!
Vor's Teufels G'walt fortan behüt',
Die Jesus Christ erlöset
Durch Marter groß und bittern Tod,
Abwend' all' unsern Jamm'r und Noth;
Darauf wir uns verlassen!

137. So lange Jesus bleibt der Herr.

1. So lange Jesus bleibt der Herr,
Wird's alle Tage herrlicher.

So war's, so ist's. so wird es sein
Bei seiner Blut= und Kreuzgemein.

2. Es bleibt bei dem bekannten Wort
Von Zeit zu Zeit, von Ort zu Ort:
Christi Blut und Gerechtigkeit
Bleibt seiner Kirche Herrlichkeit.

3. Wir sagen Ja mit Herz und Mund;
O Lamm, dein Blut ist unser Grund,
Der fest und unbeweglich steht,
Wenn Erd' und Himmel untergeht.

4. Du bist und bleibest unser Herr,
Der Leitstern deiner Wanderer,
Der Kirche theures Oberhaupt,
Woran ein jedes Herze glaubt.

5. Dein Geist, der Geist der Herrlichkeit,
Mit dem der Vater dich geweiht,
Der ruht nun auf der Christgemein'
Und lehrt uns deine Zeugen sein.

6. Denkt man daran, so weiß man nicht,
Wie einem recht dabei geschieht,
Steht nur so da und sieht dir zu
Und denkt: Gekreuzigter, nur du!

7. Mach' deine Boten herrlicher,
Lamm! dir und deinem Volk zur Ehr',
Und gib mit uns an deinem Heil
Der ganzen Welt aus Gnaden Theil.

138. Der Christenglaube birgt sich nicht.

1. Der Christenglaube birgt sich nicht;
Er ist ein aufgestecktes Licht
Und scheint und leuchtet um sich her,
Gleich als ein Leuchtthurm auf dem Meer.

2. Man sieht es einem Christenmann
Von außen und von innen an,
Was für ein Geist sein Herz belebt,
Das Element, darin er schwebt.

3. Es strahlt aus seiner Augen Blick
Die Freundlichkeit des Herrn zurück;
In seinem Angesichte flammt
Die Weisheit, die von oben stammt.

4. Ein herzlich unverstellt Gemüth,
Erbarmen, Liebe, Treu' und Güt',
Des Lammes Gottes sanfter Sinn:
Das ist sein Wesen immerhin.

5. Wie eine schöne Stadt erhöht
Auf einem hohen Berge steht,
Die ihre Pracht und Herrlichkeit
Von ferne zeiget weit und breit:

6. So läßt er seinen Glauben seh'n,
So sieht man ihn erhaben steh'n,
Dabei ist er ein leuchtend Licht, —
Er leuchtet und sieht's selber nicht.

139. Es ist ein Schiff gebauet.

1. Es ist ein Schiff gebauet
Von keines Menschen Hand;
Den, der sich ihm vertrauet,
Bringt's in ein herrlich Land.
Das Land ist nicht hienieden,
Man findt's nicht auf der Welt;
Es ist im Himmel drüben
Hoch über'm Sternenzelt.

2. Fragst nach des Schiffleins Namen?
Es heißt die „Kirch' des Herrn."
Die bittend zu ihm kamen,
Sie nahm er auf so gern.
Darauf sie sicher fahren,
Ihr Compaß ist sein Wort,
Im Geist sie ihn gewahren
Am Steuer, ihren Hort.

3. Des heil'gen Geistes Wehen
Das Schifflein vorwärts treibt,
Doch gilt kein Müßigstehen,
Der Wind sonst still auch bleibt.
Wenn schlimme Wetter wüthen
Und wogt das Zeitenmeer,
Das Schifflein wird behüten
Der starke Held und Herr.

4. Es wird nicht lang' mehr währen,
So ist das Ziel erreicht,
Gott woll' es uns bescheren,
Daß Keiner vorher weicht;

Daß Mancher noch eintrete,
Geführt von Gnadenhand,
Auch mit uns sing' und bete
Und fahr' zum Heimathland.

140. Ein Haus zu Gottes Ehre.

1. Ein Haus zu Gottes Ehre
Ist dieses liebe Haus,
In welchem Jesu Lehre
Strömt Licht und Leben aus.
Da jauchzen Gottes Kinder,
Da fleht der Knecht des Herrn,
Da weinen arme Sünder,
Da weilen Alle gern.

2. Hier säuselt süßer Frieden
Um jedes wunde Herz,
Hier stärken sich die Müden,
Zu tragen Erdenschmerz;
Und will die Welt sich brüsten,
Tobt Satan noch so sehr,
Die Gotteskinder rüsten
Sich hier mit guter Wehr.

3. An diesem sel'gen Orte
Erscheint uns wunderbar
Des Himmelreiches Pforte
Geöffnet ganz und gar.
Auf lichten Glaubensschwingen
Erhebt die Seele sich,
Bis sie darf droben singen
Dem Herrn einst ewiglich.

141. Wie wird dein Schiff von Stürmen.

1. Wie wird dein Schiff von Stürmen,
O Herr, so hart bedrängt!
Wie sich die Wasser thürmen,
Die Woge drüber hängt!
Herr, hilf! es geht zu Grunde,
Wenn nicht dein Auge wacht.
Ein Wort aus deinem Munde
Zähmt aller Stürme Macht.

2. O schließt sich, uns zu prüfen,
Dein Aug', als schliefest du:
Da schnellt durch Höh'n und Tiefen
Die Fahrt uns ohne Ruh'.
Wenn Bord und Steuer schwanken,
Wie schwankt so leicht der Muth!
Doch, o! des Herrn Gedanken
Sind immer, immer gut.

3. Auf, auf, o Herr! behüte
Dein Schifflein in der Noth.
Hilf, hilf nach deiner Güte
Und sprich dein Machtgebot.
Getrost! wir steh'n und hoffen;
Du schläfst und schlummerst nicht.
Dein Auge, klar und offen,
Gibt volle Zuversicht.

4. Ob wild die Fluthen toben,
Wild brause Sturm und Meer;

Schweb' unten bald, bald oben
Des Schiffleins Flug umher:
Groß sind die Wasserwogen,
Unendlich größer du.
Dein Wort hat nicht getrogen:
Es ruft uns Glauben zu.

5. Du kannst uns nicht versäumen;
Du weißt die rechte Zeit.
Und soll das Meer noch schäumen,
Wohl uns! du bist nicht weit.
Gib nur zuweilen Stille,
Die uns den Muth erneut;
Und aus der Gnadenfülle
Werd' unser Herz erfreut!

142. Vor meines Herzens König.

1. Vor meines Herzens König
Leg' eine Gab' ich hin,
Und ist's auch arm und wenig,
Ich weiß, es freut doch ihn.
Es ist mein eig'ner Wille,
Den geb' ich in den Tod,
Auf daß mich ganz erfülle
Dein Wille, Herr, mein Gott.

2. Ich weiß, daß sein Erbarmen
Ganz unaussprechlich ist,
Daß er den ärmsten Armen
In Liebe fest umschließt.
Ich weiß, sein Liebeswille

Will meine Heil'gung nur.
Drum will ich halten stille
Und folgen seiner Spur.

3. Will auch nicht ängstlich flehen:
Herr, gib mir das und dies.
O nein, was er ersehen,
Das ich mir auch erkies;
Ist auch der Weg verborgen,
Der heim mich führen soll,
Bin dennoch ohne Sorgen;
Den Führer kenn' ich wohl.

4. Ja wohl, er blickt hernieder
Auf mich, sein schwaches Kind;
Zu ihm schau' ich auch wieder,
Und Kraft und Frieden find'.
Ich lege meine Hände
In seine starke Hand
Und weiß, er führt am Ende
Mich heim in's Vaterland.

143. Mein Schifflein geht behende.

1. Mein Schifflein geht behende
Dem Friedenshafen zu;
Der Lauf ist bald zu Ende,
Es folgt die sel'ge Ruh.
Ich sehe schon von Weitem
Des Leuchtthurms hellen Schein;
Ich will mich nur bereiten:
Ich geh' zur Ruhe ein.

2. O Schifflein, du mußt eilen!
Ihr Segel, schwellet an!
Ich mag nicht länger weilen
Auf stürm'scher Meeresbahn.
Schon lange hör' ich toben
Die wilde Meeresfluth;
Geht's auch durch schwere Proben,
Doch faß' ich neuen Muth.

3. Denn sieh', in meinem Nachen
Ist Jesus Steuermann,
Ihn laß ich thun und machen,
Und ich bin glücklich dran.
Ihm darf ich fest vertrauen
Auch in der schwersten Nacht;
Ich hoff', ich werde schauen,
Wonach mein Herze tracht't.

4. Der Mast in diesem Nachen
Ist's Kreuz des lieben Herrn,
Das zeigt mir Armen, Schwachen
Den wahren Hoffnungsstern.
Der Purpur seines Blutes
Des Schiffes Wimpel schmückt,
Das macht mich frohen Muthes,
Wenn Angst mein Herze drückt.

5. Mein Anker läßt mich hoffen,
Ich habe festen Grund;
Der Himmel steht mir offen
In meiner letzten Stund'.
An meinem Schifflein wehet
Die Flagge meines Herrn,

Daran geschrieben stehet:
„Die Ruhe ist nicht fern."

6. So fahr' ich sicher weiter,
Mein Jesus mit mir schifft;
Er macht mich froh und heiter,
Wenn Unglück mich auch trifft.
Wenn schwarze Wetter wüthen,
Wird seine starke Hand
Mich armes Kind schon hüten,
Sie führt in's Vaterland.

144. Wir reichen uns zum Bunde

1. Wir reichen uns zum Bunde
Die treue Bruderhand;
Es ruht auf Felsengrunde
Die Liebe, die uns band.
Ein Wort hat uns verbunden,
Wir tragen ein Panier:
Das Wort von Jesu Wunden
‖: Ist unsers Bundes Zier. :‖

2. Und ob auch Alle weichen,
Auf falschen Pfaden geh'n;
Uns eint ein Bundeszeichen,
Das kann kein Sturm verweh'n:
Das Zeichen, das wir tragen,
Das ist ein Kreuz, ein Schild;
Das Ziel, dem wir nachjagen,
‖: Ist unsers Jesu Bild. :‖

3. Wir wissen, was wir glauben,
Ob's auch der Welt ein Spott;
Wer will uns ihn denn rauben,
Den treuen Bundesgott?
Und geht's zu hartem Streite,
Er, er ist Schild und Wehr'.
Sein Name wird noch heute
‖: Im Kampf nur herrlicher. :‖

4. So sei der Bund beschworen,
Erneut in' ernster Zeit!
Als Wahlspruch sei erkoren:
Ihm treu in Ewigkeit!
Und wenn die Welt zersplittert
Und Alles untergeht,
Der Glaube nimmer zittert,
‖: So lang' das Kreuz noch steht. :‖

145. Der du in Todesnächten.

1. Der du in Todesnächten
Erkämpft das Heil der Welt,
Und dich als den Gerechten
Zum Bürgen dargestellt;
Der du den Feind bezwungen,
Die Himmel aufgethan:
Dir stimmen unsre Zungen
‖: Ein Hallelujah an. :‖

2. Im Himmel und auf Erden
Ist alle Macht nun dein,
Bis alle Völker werden

Zu deinen Füßen sein;
Bis die von Süd und Norden,
Bis die von Ost und West
Sind deine Gäste worden
‖: Bei deinem Hochzeitsfest. :‖

3. Noch werden sie geladen,
Noch geh'n die Boten aus,
Um mit dem Ruf der Gnaden
Zu füllen dir dein Haus.
Es ist kein Preis zu theuer,
Es ist kein Weg zu schwer,
Hinaus zu streu'n dein Feuer
‖: In's vielbewegte Meer. :

4. So sammle deine Heerden
Dir aus der Völker Zahl,
Daß Viele selig werden
Und zieh'n zum Abendmahl!
Schließ' auf die hohen Pforten,
Es strömt dein Volk heran!
Wo's noch nicht Tag geworden,
‖: Da zünd' dein Feuer an! :‖

146. Dem Ew'gen unsre Lieder.

1. Dem Ew'gen unsre Lieder,
Was auch das Herz bewegt;
Vertraut, vertraut, ihr Brüder,
Dem, der die Welten trägt!
Er läßt wohl Blätter sterben
Und Sonnen sich verglüh'n;

Doch keins läßt er verderben,
‖:Neu soll es auferblüh'n.:‖

2. Wenn Winterstürme schrecken,
Und starrer Frost gebeut,
Läßt er die Erde decken
Mit einem weißen Kleid;
Und unter warmer Hülle,
Gleich wie im Mutterschooß,
Da schläft in tiefer Stille
‖:Sich Gras und Blüthe groß.:‖

3. Und ist der Mai erschienen,
Dann bricht so frisch hervor
Mit jungen Unschuldsmienen
Ein zahllos Lebenschor,
Das ruft in tausend Freuden
Uns tief zum Herzen ein:
„Was zagst du doch in Leiden?
‖:Gott muß die Liebe sein!:‖

147. Wie lieblich ist's hienieden.

1. Wie lieblich ist's hienieden,
Wenn Brüder gleichgesinnt
‖: In Eintracht und in Frieden
Vereint beisammen sind. :‖

2. Wie Thau vom Hermon nieder
Auf Gottes Berge fließt,
‖: Also auch auf die Brüder
Der Segen sich ergießt. :‖

3. Und einstens wird erneuert
Durch sie die heil'ge Stadt,
:│: Was Knecht ist, wird befreiet,
Und rein, was Flecken hat. :‖

4. Und alles Volk der Erde
Geh't nun zum Lichte ein,
‖: Dann wird nur eine Heerde
Und nur ein Hirte sein. :‖

148. Ich will dich erheben.

1. Ich will dich erheben
Mit Herz und mit Mund,
│: Dich, o mein Heil und Leben,
Herr, meiner Hoffnung Grund. :‖

2. Denn du hast mich Armen
Mit mächtiger Hand
│: Gerettet voll Erbarmen
Von des Verderbens Rand. :‖

3. Nun bin ich so fröhlich,
Von Sündenschuld los,
:│: So unaussprechlich selig
In deinem Liebesschooß. :‖

4. O wüßten's doch Alle,
Wie freundlich du bist,
:│: Und folgten deinem Schalle,
Du süßer Jesus Christ. :‖

5. Send' aus deine Boten
Nach Süd und nach Nord,

‖: Und wecke selbst die Todten
Durch deiner Allmacht Wort. :‖

6. Daß bald auf der Erde
Zum Preis deiner Treu'
‖: Nur eine sel'ge Heerde
In deinen Hürden sei. :‖

149. Ein' feste Burg ist unser Gott.

1. Ein' feste Burg ist unser Gott,
Ein' gute Wehr und Waffen.
Er hilft uns frei aus aller Noth,
Die uns jetzt hat betroffen.
Der alte böse Feind,
Mit Ernst er es jetzt meint,
Groß' Macht und viele List
Sein' grausam' Rüstung ist,
Auf Erd'n ist nicht sein's Gleichen.

2. Mit unsrer Macht ist nichts gethan,
Wir sind gar bald verloren;
Es streit't für uns der rechte Mann,
Den Gott hat selbst erkoren.
Und fragst du, wer der ist?
Er heißet Jesus Christ,
Der Herre Zebaoth,
Und ist kein and'rer Gott,
Das Feld muß er behalten!

3. Und wenn die Welt voll Teufel wär',
Und wollt' uns gar verschlingen;
So fürchten wir uns nicht so sehr,

Es soll uns doch gelingen.
Der Fürste dieser Welt,
Wie sauer er sich stellt,
So thut er uns doch nichts,
Das macht, er ist gericht't,
Ein Wörtlein kann ihn fällen!

4. Das Wort sie sollen lassen stah'n
Und kein'n Dank dazu haben.
Er ist bei uns wohl auf dem Plan
Mit seinem Geist und Gaben.
Nehmen sie uns den Leib,
Gut, Ehre, Kind und Weib,
Laß fahren nur dahin,
Sie haben's kein'n Gewinn:
Das Reich muß uns doch bleiben!

150. Was ist die Macht?

1. Was ist die Macht, was ist die Kraft,
Des Christen stolze Ritterschaft,
Der Schild und Schirm und Schmuck der
Ehren,
Die ungebroch'ne Wehr der Wehren,
In jeder Noth und Fahr der Hort?
Das ist das Wort, das feste Wort.

2. Was kann wie ein zweischneidig Schwert,
Das blinkend aus der Scheide fährt,
Mark und Gebein im Hui zerschneiden,
Die Geister und die Leiber scheiden?
Was hat so einzig scharfen Ort?
Das ist das Wort, das feste Wort.

3. Was brauſt daher wie Windesbraut
Und überdonnert Donners Laut?
Was donnert in der Sünder Ohren,
Gleich einem Schwur, von Gott geſchworen?
Was iſt, das durch die Seele bohrt?
Das iſt das Wort, das feſte Wort.

4. Was ſäuſelt wie ein Weſtenwind
Vom Frühlingshimmel ſanft und lind?
Was ſäuſelt lieblich durch die Herzen,
Ein Troſt und Balſam aller Schmerzen?
Was wehet alle Sorgen fort?
Das iſt das Wort, das feſte Wort.

5. O Wort der Macht, o Wort der Kraft,
Das ſo gewaltig wirkt und ſchafft;
O Wort der Schrecken und der Freuden,
Zum Heilen mächtig und Zerſchneiden,
Du wareſt eh'r als Zeit und Ort,
Du ſtarkes Wort, du feſtes Wort.

6. O Wort der Macht, o Wort der Kraft,
Du meines Herzens Ritterſchaft,
Wollſt ewig in und bei mir bleiben,
Durch Donner und durch Säuſel treiben
Zum rechten Kampfe fort und fort,
Mein ſtarkes Wort, mein feſtes Wort.

151. Herr Gott, dir danket Herz und Mund.

1. Herr Gott, dir danket Herz und Mund
Für deines Wortes Gabe;

Es thut uns deinen Rathschluß kund,
Ist uns're beste Habe.
Wie könnten wir, wär' nicht dein Wort
Der Augen Licht, der Seelen Hort,
Den Weg zum Himmel finden?

2. Jahrhundert' lang war finst're Zeit,
Da lag dein Wort in Ketten;
Den Armen war kein Trost bereit,
Dem Sünder kein Erretten.
Verschlossen war der heil'ge Quell,
Aus dem das Lebenswasser hell
Für durst'ge Seelen quillet.

3. Da wecktest du dir Männer auf,
Die bahnten treu geschäftig
Der Wahrheit einen freien Lauf,
Und zeugten laut und kräftig
Vom Felsengrund, auf dem geruht
Der ersten Christen Glaubensmuth,
Von deinem ew'gen Worte.

4. Nun ist die Quelle wieder frei,
Nun trinken wir mit Freuden,
Und dürfen fröhlich ohne Scheu
An diesem Wort uns weiden.
Hoch wehet uns'res Heils Panier,
Der Seelen Trost, der Kirche Zier
Auf deinem heil'gen Tempel.

5. Herr, es soll immer freudenvoll
Dein Volk dein Lob verkünden;
Wir bitten, deine Gnade woll'

Im Wort' uns tiefer gründen,
Daß wir von seinem Geist regiert,
Mit seinen Früchten reich geziert,
Herr, deinen Namen ehren.

152. Die Sach' ist dein, Herr Jesu Christ.

1. Die Sach' ist dein, Herr Jesu Christ,
Die Sach', an der wir steh'n,
Und weil es deine Sache ist,
Kann sie nicht untergeh'n.
Allein das Weizenkorn, bevor
Es fruchtbar sproßt zum Licht empor,
Muß sterben in der Erde Schooß,
Zuvor vom eignen Wesen los,
Durch Sterben los,
Vom eignen Wesen los.

2. Du gingst, o Jesu, unser Haupt,
Durch Leiden himmelan
Und führest Jeden, der da glaubt,
Mit dir die gleiche Bahn.
Wohlan, so nimm uns allzugleich
Zum Theil am Leiden und am Reich,
Führ' uns durch deines Todes Thor
Sammt deiner Sach' zum Licht empor,
Zum Licht empor,
Durch Nacht zum Licht empor.

3. Du starbest selbst als Weizenkorn
Und sankest in das Grab;

Belebe denn, o Lebensborn,
Die Welt, die Gott dir gab.
Send' Boten aus in jedes Land,
Daß bald dein Name werd' bekannt,
Dein Name voller Seligkeit;
Auch wir steh'n dir zum Dienst bereit
Im Kampf und Streit,
Zum Dienst in Kampf und Streit.

153. Es ist noch Raum

1. Es ist noch Raum,
Mein Haus ist noch nicht voll,
Mein Tisch ist noch zu leer;
Der Platz ist da,
Wo Jeder sitzen soll;
O bringt doch Gäste her!
Geht, nöthigt sie auf allen Straßen,
Ich habe viel bereiten lassen.
‖: Es ist noch Raum. :‖

2. Es ist noch Raum.
Die Arme Jesu sind
Zum Tragen stark und weit.
Die Hände steh'n
Für jedes Gnadenkind
Zu heben ausgebreit't.
Er will sie auf die Achseln legen
Und ihrer gar im Busen pflegen.
‖: Da ist noch Raum. :‖

3. Es ist noch Raum,
Auch für das schwächste Kind,

Das gar nicht gehen kann;
Und derer auch,
Die alt und müde sind,
Nimmt er sich treulich an.
Ihr sollt ihm in den Armen liegen,
Und dürft an seine Brust euch schmiegen.
||: Da ist noch Raum. :||

4. Es ist noch Raum,
Ein Haus, das göttlich groß,
Das viele Wohnung hat.
Da ruht man aus
Und ruht in Christi Schooß,
Da wird der Glaube satt.
Die Schaar, die Jesum angenommen,
Wird da mit ihm zusammen kommen.
||: Da ist noch Raum. :||

154. Hier ist mein Herz.

1. Hier ist mein Herz!
Mein Gott, ich geb' es dir,
Dir, der es gnädig schuf.
„Nimm es der Welt,
Mein Kind, und gib es mir,"
Das ist an mich dein Ruf.
Hier ist das Opfer meiner Liebe,
Ich weih' es dir aus treuem Triebe.
||: Hier ist mein Herz. :||

2. Hier ist mein Herz!
O nimm es gnädig an,

Ob ihm gleich viel gebricht.
Ich geb' es dir,
So gut ich's geben kann,
Verschmäh' die Gabe nicht!
Es ist mit böser Lust beflecket,
Mit Sünd' erfüllt, mit Schuld bedecket,
||: Mein sündig Herz. :||

3. Hier ist mein Herz!
Es sucht in Christo Heil,
Es naht zum Kreuze hin
Und spricht: „O Herr,
Du bist mein Gut und Theil.
Dein Tod ist mein Gewinn!"
Es hat in des Erlösers Wunden
Trost, Ruh' und Seligkeit gefunden
||: Mein gläubig Herz. :||

155. Die armen Heiden jammern mich.

1. Die armen Heiden jammern mich,
Denn groß ist ihre Noth;
Ach, lieber Gott, erbarme dich,
Sie sind in Sünden todt.

2. Sie beten stumme Götzen an,
Sie knie'n vor Holz und Stein
Und wissen nicht in ihrem Wahn,
Daß du bist Gott allein.

3. Sie kennen auch den Heiland nicht,
Der ihre Sünden trug;

Sie leben ohne Trost und Licht
Und liegen unterm Fluch.

4. O Vater der Barmherzigkeit,
O Herr voll Lieb' und Macht, —
Wann ist erfüllt der Heiden Zeit?
Wann endet ihre Nacht?

5. Ihr Elend schreit so laut zu dir,
Und deine Kinder fleh'n:
Ach öffne bald der Heiden Thür,
Und laß sie Jesum seh'n.

6. Sie sind ja auch sein Erb' und Gut,
Sein theurer Schmerzenslohn; —
Wir bitten durch sein Kreuz und Blut:
O gib sie deinem Sohn!

7. Daß sie durch ihn mit uns zugleich
Und deiner ganzen Schaar
Auf Erden und im Himmelreich
Dich preisen immerdar!

156. Jerusalem, Jerusalem.

1. Jerusalem, Jerusalem,
Die du so hoch gethront,
Du Wohnung Gottes, lieb und werth,
Du Himmel unterm Mond,
Jetzt sammt den Deinen unterm Fluch
Geknechtet jämmerlich,
Jerusalem, Jerusalem,
Stets weinen wir um dich.

2. Wo einſt das Lob des Herrn erklang,
Auf Zions heil'gen Höh'n,
„Da krümmen deine Kinder bang
Sich unter ihren Weh'n.
Am Boden ſitz'ſt du einſam jetzt,
Verlaſſen jämmerlich.
Jeruſalem, Jeruſalem,
Stets weinen wir um dich.

3. Jeruſalem, Jeruſalem,
Bis du dich einſt bekehrſt
Und unſer Lamm, das du durchbohrt,
Mit wahrer Buße ehrſt,
Bis du dich vor dem Heiland bengſt,
Vor ſeinem Seitenſtich,
Jeruſalem, Jeruſalem,
Stets weinen wir um dich.

157. O Jeſu, meine Sonne.

1. O Jeſu, meine Sonne,
Vor der die Nacht entfleucht,
O Jeſu, meine Wonne,
Die alle Noth verſcheucht,
Im Herzen klingt mir täglich
Der eine helle Ton:
Wie haſt du ſo unſäglich
Geliebt, o Gottes Sohn.

2. O lieber Herr, ſo präg' es
Recht meinen Sinnen ein,
O lieber Herr, ſo leg' es

Mir tief in's Herz hinein:
Daß ohne deine Liebe
Ich ganz verloren wär'
Und ohne Hoffnung triebe
Auf wüstem Meer umher;

3. Doch daß du mich allmälig
Zum Hafen hast gebracht
Und mich so überselig
Aus Gnaden hast gemacht,
Daß ich vor nichts erschrecke,
Was Andern schrecklich ist,
Weil ich es seh' und schmecke,
Wie du mein Heiland bist.

158. Wo ist mein Haus?

1. Wo ist mein Haus? .||
Auf Erden ist mein Pilgerhaus,
Da geh' ich kämpfend ein und aus.
||: Da ist mein Haus, :||
Auf Erden ist mein Haus.

2. Wo ist mein Haus? :||
Die Kirche ist mein Gotteshaus,
Da geh' ich betend ein und aus.
||: Da ist mein Haus. :||
Die Kirche ist mein Haus.

3. Wo ist mein Haus? :||
Im Himmel ist mein Vaterhaus,
Da geh' ich ein und nie heraus.
||: Da ist mein Haus. :||
Im Himmel ist mein Haus.

159. Prächtig strahlt des Meisters Gnade.

1. Prächtig strahlt des Meisters Gnade
Von des Leuchtthurms Felsenrand.
Doch uns gibt er, treu zu halten,
Kleine Lichter längs dem Strand.
Eure Lichter lasset brennen,
Laßt sie strahlen durch die Nacht,
Daß noch manch verirrter Schiffer
Sicher werde heimgebracht.

2. Dunkel ist die Nacht der Sünde,
Und der Sturm tobt, wuthentbrannt.
Aengstlich schaut manch spähend Auge
Nach den Lichtern an dem Strand.
Eure Lichter u. s. w.

3. Auf denn, Brüder, schmückt die Lampen,
Denn ein Schiffer in Gefahr
Mag verderben nah' dem Hafen,
Weil kein Lichtlein brennend war.
Eure Lichter u. s. w.

160. Auf einem Berg ein Bäumlein stand.

1. Auf einem Berg ein Bäumlein stand
Von goldnen Früchten schwer,
Man konnte es im ganzen Land
Erblicken weit umher.

Es kamen Viele spät und früh',
Die edles Gold gesucht:
Sie schütteln d'ran mit ernster Müh'
Und sammeln ihre Frucht.

2. Doch nimmt der Reichthum nimmer ab,
Das Bäumlein wird nicht leer;
Fällt gleich so manche Frucht herab,
Es wachsen andre her.
Wie heißt das Bäumlein und wo steht's
Auf dieser Erde Raum?
Wer hat's geseh'n? Und wer erräth's?
Die Bibel ist der Baum.

161. Die Bibel ist ein schönes Buch.

1. Die Bibel ist ein schönes Buch,
Wo Gottes Blumen blüh'n,
Ein Rosengarten voll Geruch,
:‖: Den wir im Geist einzieh'n. :‖

2. Die Bibel ist ein köstlich Buch,
Mit Schätzen angefüllt,
In denen Jesus Christus sich
:‖: Als Mensch und Gott enthüllt. :‖

3. Die Bibel ist ein süßes Buch,
Aus ihr fließt Wonne rein,
Erquickt, erfreut, ist süßer noch,
:‖: Als edler Honigseim. :‖

4. Die Bibel ist ein heilig Buch,
Ein Licht für unsern Fuß,

Sie lehrt den Segen und den Fluch
|: Und wie man wandeln muß. :|

5. Die Bibel ist ein herrlich Buch,
Da man von fern erblickt,
Was Auge, Ohr und Herz erfreut
|: Und ewig uns entzückt. :|

6. O Gott, mach' mir dies Buch recht lieb
Und mach' mich frei von Sünd',
Damit ich meinen Namen einst
|: Im Buch des Lebens find'. :|

162. O Heiland, wär' ich so ein Kind.

1. O Heiland, wär' ich so ein Kind,
Wie du gewesen bist,
Daß Jedermann es könnte seh'n,
|: Ich sei ein wahrer Christ. :|

2. An Weisheit und an Alter nahmst
Du alle Tage zu;
Ich wachse auch; o wär' ich doch
|: So weise auch wie du. :|

3. Die Menschen sah'n dich freundlich an,
Dir strahlte Gottes Huld;
Wenn keinem ich gefallen kann,
|: So ist es meine Schuld. :|

4. Du hast mir Gaben ja verlieh'n
Und Unterricht geschenkt,
Hast Sehnsucht nach dem Ewigen
|: Mir in das Herz gesenkt. :|

5. Dein Wort hast du mir aufgethan,
Den reichen Lebensquell;
Das labet meiner Seele Durst
‖: Und macht die Augen hell. :‖

6. Und bei dem allen, was du gibst,
Bin ich doch noch so schwach,
Beim Lernen und gehorsam sein
‖: Geht's immer so gemach. :‖

7. O bilde mich nach deinem Bild,
Daß ich ein solches Kind
Mög' werden, wie du selber warst,
‖: Fromm, wie die Engel sind. :‖

163. Du schöne Lilie auf dem Feld.

1. Du schöne Lilie auf dem Feld,
Wer hat in solcher Pracht
Dich vor die Augen mir gestellt,
‖: Wer dich so schön gemacht? :‖

2. Wie trägst du so ein weißes Kleid,
Mit gold'nem Staub besät,
Daß Salomonis Herrlichkeit
‖: Vor deiner nicht besteht! :‖

3. Gott hob dich aus der Erde Grund,
Hat liebend auf dich Acht,
Er sendet dir in stiller Stund'
‖: Ein Englein bei der Nacht. :‖

4. Das macht dein Kleid mit Thau so rein
Und trocknet's in dem Wind

Und bleichet es im Mondenschein
|: Und schmückt sein Blumenkind. :|

5. Du schöne Lilie auf dem Feld,
In aller deiner Pracht
Bist du zum Vorbild mir gestellt,
|: Zum Lehrer mir gemacht. :|

6. Du schöne Lilie auf dem Feld,
Du kennst den rechten Brauch,
Du denkst: der hohe Herr der Welt
|: Versorgt sein Blümlein auch. :|

164. Immer muß ich wieder lesen

1. Immer muß ich wieder lesen
In dem alten, heil'gen Buch,
Wie mein Herr so sanft gewesen,
Ohne List und ohne Trug.

2. Wie er hieß die Kindlein kommen,
Wie er hold sie angeblickt
Und sie auf den Arm genommen
Und sie an sein Herz gedrückt.

3. Wie er Hülfe und Erbarmen
Allen Kranken gern erwies
Und die Blinden und die Armen
Seine lieben Brüder hieß.

4. Wie er keinem Sünder wehrte,
Der bekümmert zu ihm kam;
Wie er freundlich ihn bekehrte,
Ihm den Tod vom Herzen nahm.

5. Immer muß ich wieder lesen,
   Les' und weine mich nicht satt,
   Wie er ist so treu gewesen,
   Wie er uns geliebet hat.   —

6. Hat die Heerde sanft geleitet,
   Die sein Vater ihm verlieh'n,
   Hat die Arme ausgebreitet,
   Alle an sein Herz zu zieh'n.

7. Laß mich knie'n zu deinen Füßen,
   Herr! die Liebe bricht mein Herz;
   Laß in Thränen mich zerfließen,
   Selig sein in Wonn' und Schmerz.

165. Habt ihr's denn noch nie erfahren?

1. Habt ihr's denn noch nie erfahren,
   Wie er ist so reich und gut?
   Wie er seit viel tausend Jahren
   Allen Menschen Liebes thut?

2. Liebend hat er ausgesehen
   Manches lange Jahr nach euch;
   Wollet endlich ihn verstehen,
   Menschen, kommt in Gottes Reich!

3. Segnend in der Menschen Mitte
   Ist er jeder Seele nah';
   Zu gewähren jede Bitte,
   Steht er immer freundlich da.

4. Soll der Taumel ewig währen?
   Sprecht, wie lang' ihr sucht und irrt!

Wollt ihr nicht zu Jesu kehren,
Der euch winkt, ein treuer Wirth?

5. Kommt und laßt uns Herberg' nehmen,
Kehret bei dem Heiland ein.
Da wird Sehnen bald und Grämen,
Welt und Schmerz vergangen sein.

6. Wie sich alle Blumen wenden
Zu dem hellen Sonnenlicht,
Nehm' aus den durchbohrten Händen
Jeder an, was ihm gebricht.

166. Wo keine Bibel ist im Haus.

1. Wo keine Bibel ist im Haus,
Da sieht es öd' und traurig aus.
‖: Da kehrt der böse Feind gern ein,
Da mag der liebe Gott nicht sein.:‖

2. D'rum Menschenkind, ach Menschenkind,
Daß nicht der Böse Raum gewinnt,
‖: Gib deinen blankſten Thaler aus
Und kauf' ein Bibelbuch in's Haus.:‖

3. Schlag's mit dem frühſten Morgen auf,
Hab' all dein Sehn'n und Sinnen drauf.
‖: Fang' d'rin die ABC=Schul' an
Und buchſtabir' und lies sodann;:‖

4. Und lies dich immer mehr hinein,
Schlag' auf darin dein Kämmerlein,
‖: Und lies dich immer mehr heraus,
Mach' dir ein wahres Bollwerk d'raus.:‖

5. Und pflanze still noch oben d'rauf
Die allerschönsten Sprüchlein auf.
||:Hell laß sie flattern, muthig weh'n,
Als deine Banner laß sie seh'n.:||

6. Als einen Schild drück's an dein Herz
Und halt' dich d'ran in Freud und Schmerz.
||:O du mein liebes Menschenkind,
Hast du noch kein's, so kauf's geschwind.:||

167. Mein Vater, der im Himmel wohnt.

1. Mein Vater, der im Himmel wohnt,
Als König aller Engel thront,
||:Der ist mir nah' bei Tag und Nacht
Und giebt auf meine Schritte Acht.:||

2. Er nährt den Sperling auf dem Dach
Und machet früh die Vögel wach;
||:Er schmückt mit Blumen Wald und Flur
Und pflegt die Zierde der Natur.:||

3. Von meinem Haupte fällt kein Haar,
Mein Vater sieht es immerdar,
||:Und wo ich auch verborgen wär',
In Herz und Nieren schauet er.:||

4. Geschrieben stand in seiner Hand
Mein Name, eh' ich ihn gekannt.
||:An seinem Arm geh' ich umher,
Und er ist Gott. Was will ich mehr?:||

168

5. O Vater mein, wie gut bist du!
Gib, daß ich niemals Böses thu'.
‖: Mach' mich den lieben Engeln gleich
In deinem großen Himmelreich. :‖

168. Eins hätten wir von Herzen gern.

1. Eins hätten wir von Herzen gern
Und wollen unsern lieben Herrn
Recht innig d'rum anflehen:
Ach, liebster Gott, in deinem Haus
Laß uns gesegnet ein und aus
Als deine Kinder gehen.

2. Es ist doch nirgends in der Welt
Um unser Herz so wohl bestellt,
Als hier, wo wir erscheinen,
Den schönen Gottesdienst zu schau'n,
Und an dem Wort uns zu erbau'n,
Womit du dienst den Deinen.

3. Hier legen wir den Pilgerstab
Und unser Wanderbündlein ab
Und alle Müh'n und Sorgen,
Und halten miteinander Rast
Und laden uns bei dir zu Gast
Und fühlen uns geborgen.

4. Da wird das Herz so freudenvoll
Und weiß nicht, wie es danken soll;
Da beten wir und singen,
Um dir mit aller Engel Heer

Demüthig Lob und Preis und Ehr'
Als Opfer darzubringen.

5. Ach, komm und sei uns Burg und Hort
Und laß von deinem lautern Wort
Uns nichts auf Erden treiben;
Und segne gnädig unsern Gang,
Damit wir unser Leben lang
Bei deinem Haus verbleiben.

169. Geh' aus, mein Herz, und suche Freud'.

1. Geh' aus, mein Herz, und suche Freud'
In dieser lieben Sommerzeit
An deines Gottes Gaben!
Schau an der schönen Gärten Zier
Und siehe, wie sie mir und dir
Sich ausgeschmücket haben.

2. Die Bäume stehen voller Laub,
Das Erdreich decket seinen Staub
Mit einem grünen Kleide;
Die Blümlein auf dem Wiesenplan,
Die ziehen sich viel schöner an,
Als Salomonis Seide.

3. Die Lerche schwingt sich in die Luft,
Das Täublein fliegt aus seiner Kluft
Und macht sich in die Wälder;
Die sangbegabte Nachtigall
Ergötzt und füllt mit ihrem Schall
Berg', Hügel, Thal und Felder.

4. Die Glucke führt ihr Küchlein aus,
Der Storch baut und bewohnt sein Haus
Das Schwälblein speist die Jungen;
Der schnelle Hirsch, das leichte Reh
Ist froh und kommt aus seiner Höh'
In's tiefe Thal gesprungen.

5. Die Bächlein rauschen in dem Sand
Und malen sich an ihrem Rand
Mit schattenreichen Myrthen;
Die Wiesen liegen hart dabei
Und klingen ganz vom Lustgeschrei
Der Schaf' und ihrer Hirten.

6. Die unverdroß'ne Bienenschaar
Fliegt hin und her, sucht hier und dar
Die edle Honigspeise.
Der süße Weinstock steht im Saft
Und wirket täglich neue Kraft
In seinem schwachen Reise.

7. Ich selber kann und mag nicht ruh'n:
Des großen Gottes großes Thun
Erweckt mir alle Sinnen;
Ich singe mit, wenn Alles singt,
Und lasse, was dem Höchsten klingt,
Aus meinem Herzen rinnen.

8. Ach, denk' ich, bist du hier so schön
Und läßt du's uns so lieblich geh'n
Auf dieser armen Erden,
Was will doch wohl nach dieser Welt
Dort in dem schönen Himmelszelt
Und Parad'ese werden?

9. O wär' ich da! o ständ' ich schon,
Du lieber Gott, vor deinem Thron
Und trüge meine Palmen:
So wollt' ich nach der Engel Weis'
Erhöhen deines Namens Preis
Mit tausend schönen Psalmen.

170. Du Tag des Herrn, sollst meiner Seele.

1. Du Tag des Herrn, sollst meiner Seele
Ein stiller, froher Festtag sein,
Ein Tag, den ich mit Ernst erwähle,
Um ihn dem Lebenswort zu weih'n.
Zum Himmel soll mein Geist sich schwingen,
Zum Himmel, dem ich feire heut',
Entfernt von allen eitlen Dingen,
Den Festtag der Unsterblichkeit.

2. Mit allen heiligen Gemeinen,
Die heut' vor Gottes Antlitz steh'n,
Soll meine Seele sich vereinen,
Herr, deine Liebe zu erhöh'n;
Dein Lob in Ehrfurcht hier zu stammeln,
Bis einst, wann in der Engel Chor
Sich deine Heiligen versammeln,
Mein Psalm mit ihnen steigt empor.

171. Rufen nicht die Glockentöne?

1. Rufen nicht die Glockentöne:
Komm, o komm!

Erdentöchter, Erdensöhne,
Werdet fromm!
Mächtig tönen sie hernieder;
Tief im Herzen hallt es wieder:
Kindlein, wandle fromm,
Wandle fromm.

2. Ruft es nicht, wenn Glocken schallen:
Komm, o komm!
Nahe dich des Tempels Hallen
Gern und fromm.
Habe lieb den Ort des Höchsten.
Gott ist mir, ich ihm am nächsten,
Wo ich bete fromm,
Bete fromm.

3. Darum, wenn die Glocken rufen:
Komm, o komm!
Nah' ich mich des Altars Stufen
Still und fromm.
Nie vergebens sei ihr Mahnen:
Werdet Gottes Unterthanen!
Ja, Herr, mach' mich fromm,
Mach' mich fromm.

172. Glöcklein hell vom Thurme da.

1. Glöcklein hell vom Thurme da,
Leuten rufst du fern und nah,
Daß sie Morgens früh aufsteh'n,
Beten und zur Arbeit geh'n.

2. Wieder hör' ich, Glöcklein, dich,
Wann der Mittag zeiget sich;

Rufest so mit gutem Klang:
Kommt, nehmt Gottes Speis und Trank!

3. Hat der Abend sich genaht,
Ist's zum Wirken dann zu spat,
Rufest, liebes Glöcklein, du:
Leget betend euch zur Ruh!

4. Kommt ein Sonntag, kommt ein Fest,
Glöcklein, du dich hören läßt,
Sprichst mich an in Lust und Leid,
Zeigst mir meine Lebenszeit.

5. Muß ich von der Erde ab,
Gehst du mit mir bis an's Grab,
Weckst in jeder frommen Brust
Trauer und doch Hoffnungslust.

6. Liebes, süßes Glöcklein mein!
Immer will ich lauschen dein, —
Daß dein letzter Abendschlag
Führe mich zum Himmelstag.

173. Schaut den Winter geistlich an.

1. Schaut den Winter geistlich an!
Dann ist er kein armer Mann,
Nein, dann bringt er hell und hold
Gottes-Silber, Himmels-Gold.

2. Zwar er hat mehr dunkles Grau,
Als ein sonnig Himmelblau,
Schnee in Massen wirft sein Sturm
Wild auf Bäume, Haus und Thurm.

3. Aber all sein stürm'scher Schritt
Bringt doch lauter Segen mit:
Süße Rast für Wald und Flur,
Ruhe für di. Creatur.

4. Und ach! welche Jahr'szeit läßt
Uns erscheinen Fest um Fest,
Wie der Winter, mild und gut,
Für die Christenseelen thut?

5. Seht, wie tritt aus seinem Thor
Liebreich der Advent hervor,
Und verkündet nach dem Fluch
Uns des Heilands Trostbesuch.

6. Tretet durch die Pfort' hinein:
Schnell dann glänzt der Weihnachtsschein;
Da sind alle Kinder froh! —
Hier ist mehr denn Salomo.

7. Winter ist's, wenn Weihnacht naht;
Ach, auf trübem Winterpfad
Tritt das ew'ge Frühlingslicht
Uns vor's Herz und Angesicht.

8. Bald d'rauf weiht das neue Jahr
Er, der sein wird, ist und war.
Da sieht man auf Leib und Glück
Tiefgebeugt, voll Dank's zurück.

9. Da in kalter Winterzeit
Jauchzt der Glaube weit und breit:
„Gestern, heut' und ewig ist
Unser Heiland Jesus Christ!"

10. Dann begrüßt man ihn als Herrn
Am Erscheinungsfeste gern,
Ihn, der bei der Heidenwelt
Als ein Stern sich eingestellt.

11. Ja, so gehen hier und dort
Winterlich die Feste fort
Und erquicken das Gemüth,
Bis es frisch um Ostern blüht.

12. Darum kauft in Herz und Haus
Treulich stets den Winter aus:
Dann sollt ihr im Frühlingsweh'n
Blühend vor dem Heiland steh'n!

174. Gottesstille, Sonntagsfrühe.

1. Gottesstille, Sonntagsfrühe,
Ruhe, die der Herr gebot!
Meine Seele, wach' und glühe
Mit im hellen Morgenroth!

2. Könnt' ich in dem Zimmer bleiben,
Wenn das Volk zur Kirche wallt?
Könnt' ich Alltagswerke treiben,
Wenn der Glockenruf erschallt?

3. Wo die holden Worte weilen,
Die der Herr auf Erden sprach,
Lasset auch das Brod mich theilen,
Das er seinen Jüngern brach.

4. O! das nenn' ich sel'ge Stunde,
Wo man dein, o Herr! gedenkt;

Wo man mit der frohen Kunde
Von dem ew'gen Heil uns tränkt!

5. Neues Leben, neue Stärke,
Reiner Andacht frische Gluth
Zu dem frommen Liebeswerke
Schöpf' ich aus der Gnadenfluth.

6. Und von göttlichen Gedanken
Einen reichen Blüthenstrauß
Trag' ich heimwärts, Gott zu danken
In dem kleinen, stillen Haus.

7. Laß die Flamme stets mir brennen,
O mein Heiland Jesus Christ!
Laß es alle Welt erkennen,
Daß mein Herz dein Altar ist!

175. So feierlich und stille.

1. So feierlich und stille,
Als heute nah' und fern,
Sei's auch in meinem Herzen
Am schönen Tag des Herrn.

2. Es tönen hell die Glocken,
Sie tönen nah' und fern
Und wollen Alle laden
In's hohe Haus des Herrn.

3. O solchem freud'gen Rufe,
Wer folgte dem nicht gern?
Wer nähme Gnad' und Liebe
Nicht gern von seinem Herrn?

4. Und sieh, der Glaube leitet,
   Wie einst der Weisen Stern,
   Das Herz auf sicherm Pfade
   Hinauf zu seinem Herrn.

5. Da sind ihm alle Lüste,
   Der Erde Schmerzen fern;
   Es lebt in sel'ger Stille
   Allein in seinem Herrn.

176. Sei getreu bis in den Tod.

1. Sei getreu bis in den Tod! :‖
   Seele, laß dich keine Plagen
   Von dem Kreuze Christi jagen.
   Leide willig alle Noth;
   Sei getreu bis in den Tod.

2. Sei getreu bis in den Tod! :‖
   Wer recht kämpfet, wird gekrönet,
   Ob ihn gleich die Welt verhöhnet.
   Iß getrost dein Thränenbrod,
   Sei getreu bis in den Tod.

3. Sei getreu bis in den Tod! :‖
   Siehst du nicht die Krone glänzen?
   Schwinge dich nach jenen Grenzen,
   Wo das Lamm die Hand dir bot.
   Sei getreu bis in den Tod.

4. Nun, ich will bis in den Tod :‖
   Dir, o Jesu, treu verbleiben.
   Du woll'st mir in's Herze schreiben,
   Was dein treuer Mund gebot:
   Sei getreu bis in den Tod.

177. Weil ich Jesu Schäflein bin.

1. Weil ich Jesu Schäflein bin,
Freu' ich mich nur immerhin
Ueber meinen guten Hirten,
Der mich wohl weiß zu bewirthen,
Der mich liebet, der mich kennt
Und bei meinem Namen nennt.

2. Unter seinem sanften Stab
Geh' ich aus und ein und hab'
Unaussprechlich süße Weide,
Daß ich niemals Hunger leide;
Und so oft ich durstig bin,
Führt er mich zur Quelle hin.

3. Sollt' ich denn nicht fröhlich sein,
Ich beglücktes Schäfelein!
Denn nach diesen schönen Tagen
Werden Engel heim mich tragen
In des Hirten Arm und Schooß.
Amen, ja mein Glück ist groß.

178. Wir stehen hier vor deinem Angesichte.

1. Wir stehen hier vor deinem Angesichte
Und blicken betend auf zu deinem Thron.
O mache unsre Augen hell und lichte,
Du treuer Heiland Jesu, Gottes Sohn!
Dir wollen wir auf's Neu' uns übergeben,

Und was wir in der Taufe einst gelobt,
Das sei von heute an durch's ganze Leben
Uns fester Grund, ob auch die Hölle tobt.

2. So nimm uns, guter Hirte, auf in Gna=
   ben,
Hab' Acht auf deiner Schäflein schwache Schaar;
Geleite segnend uns auf Glaubenspfaden
Mit deinem theuren Worte immerdar.
Gib, daß die Welt uns nimmer von dir wende,
Daß wir der Sünde finst're Knechtschaft flieh'n,
Und hilf uns fest und treu sein bis an's Ende,
Bis wir in Salems gold'ne Thore zieh'n.

179. Wie wird uns sein?

1. Wie wird uns sein, wenn endlich nach
   dem schweren,
Doch nach dem letzten ausgekämpften Streit
Wir aus der Fremde in die Heimath kehren
Und einzieh'n in das Thor der Ewigkeit;
Wenn wir den letzten Staub von unsern Füßen,
Den letzten Schweiß vom Angesicht gewischt,
Und in der Nähe sehen und begrüßen,
Was oft im Pilgerthal den Muth erfrischt?

2. Wie wird uns sein, wenn wir vom hellen
   Strahle
Des ew'gen Lichtes übergossen steh'n,
Und — o der Wonne — dann zum ersten Male
Uns frei und rein von aller Sünde seh'n,
Wenn wir, durch keinen Makel ausgeschlossen

Und nicht zurückgescheucht von Schuld und Pein,
Als Himmelsbürger, Gottes Hausgenossen
Eintreten dürfen in der Sel'gen Reih'n!

3. Wie wird uns sein! O, was kein Aug'
      gesehen,
Kein Ohr gehört, kein Menschensinn empfand,
Das wird uns werden, wird an uns geschehen,
Wenn wir hineinzieh'n in's gelobte Land.
Wohlan, den steilen Pfad hinangeklommen!
Es ist der Mühe und des Schweißes werth,
Dahin zu eilen und dort anzukommen,
Wo mehr, als wir versteh'n, der Herr beschert.

180. Hier kommen deine Bundesglieder.

1. Hier kommen deine Bundesglieder,
   O Haupt, nimm uns erbarmend an,
   Schau' mild auf deine Schäflein nieder,
   O Hirte, dem wir betend nah'n.

2. So arm und schwach und voller Sünden
   Steh'n wir vor deinem Angesicht.
   O laß uns Trost und Gnade finden
   Und geh' nicht mit uns in's Gericht.

3. Den Segensbund jetzt zu erneuen
   Der Lieb' und Treu' bis in den Tod,
   Erfleh'n dein segnendes Gedeihen
   Voll Inbrunst wir, dreiein'ger Gott!

4. Verleih' uns Glauben, Hoffnung, Liebe,
Erhalt' und mehre deine Gnad'
Und heil'ge alle unsre Triebe
Und leit' uns auf dem schmalen Pfad.

5. Und endlich führ' uns als die Deinen
Gesegnet ein zur ew'gen Ruh',
Laß uns zur Rechten dort erscheinen:
O sprich dein „Amen", Herr, dazu!

181. Herr Jesu, dir leb' ich.

Herr Jesu, dir leb' ich,
Herr Jesu, dir leid' ich,
Herr Jesu, dir sterb' ich,
Dein bin ich todt und lebendig.
||: Mach' mich, o Jesu, ewig selig. :||
Amen.

182. Stärk' uns, Mittler, dein sind wir.

1. Stärk' uns, Mittler, dein sind wir;
Sieh', wir alle flehen:
Laß, laß o Barmherziger,
Uns dein Antlitz sehen!
Wach' über unsre Seelen!
Hier steh'n und flehen alle wir:
Herr, dein Eigenthum sind wir!
Heiliger Schöpfer, Gott!
Heiliger Mittler, Gott!

Heiliger Gott, Lehrer und Tröster!
Dreieiniger Gott!
Laß uns nie vergessen
Unsern theuern heil'gen Bund!
Erbarm' dich unser!

2. Ach, wie Viele schwuren hie,
Fest an dir zu halten!
Aber treulos ließen sie
Ihre Lieb' erkalten!
Verderben war ihr Ende.
Herr, schütze uns vor Sicherheit!
Dir nur sei das Herz geweiht!
Heiliger Schöpfer, Gott!
Heiliger Mittler, Gott!
Heiliger Gott, Lehrer und Tröster!
Dreieiniger Gott!
Leit' uns, deine Kinder,
Daß wir nicht verloren geh'n!
Erbarm' dich unser!

3. Lockt uns die verderbte Welt
Zu der Jugend Lüsten,
Dann, Herr, woll'st du uns mit Kraft
Aus der Höhe rüsten!
Sei mächtig in uns Schwachen!
Zum Kampf mit Satan, Fleisch und Blut
Gib uns Geisteskraft und Muth!
Heiliger Schöpfer, Gott!
Heiliger Mittler, Gott!
Heiliger Gott, Lehrer und Tröster!
Dreieiniger Gott!

Hilf uns siegreich streiten
Wider aller Feinde List!
Erbarm' dich unser!

4. Laß auch in der letzten Noth
Uns dein Antlitz schauen,
Und auf deinen bittern Tod
Unsre Hoffnung bauen.
Laß uns in Frieden fahren!
Geschwister, Eltern allzugleich
Nimm auf in dein Freudenreich!
Heiliger Schöpfer, Gott!
Heiliger Mittler, Gott!
Heiliger Gott, Lehrer und Tröster!
Dreieiniger Gott!
Sieh' in Gnaden nieder!
Erhör' deiner Kinder Fleh'n!
Erbarm' dich unser!

183. Jesu, geh' voran.

1. Jesu, geh' voran
Auf der Lebensbahn,
Und wir wollen nicht verweilen,
Dir getreulich nachzueilen,
Führ uns an der Hand
Bis in's Vaterland.

2. Soll's uns hart ergeh'n,
Laß uns feste steh'n,
Und auch in den schwersten Tagen
Niemals über Lasten klagen,

Denn durch Trübſal hier
Geht der Weg zu dir.

3. Rühret eigner Schmerz
Irgend unſer Herz,
Kümmert uns ein fremdes Leiden,
O ſo gib Geduld zu beiden;
Richte unſern Sinn
Auf das Ende hin.

4. Ordne unſern Gang,
Jeſu, lebenslang;
Führſt du uns durch rauhe Wege,
Gib uns auch die nöth'ge Pflege;
Thu' uns nach dem Lauf
Deine Thüre auf!

184. Jeſu, dir leb' ich.

1. Jeſu, dir leb' ich,
Jeſu, dir ſterb' ich,
Jeſu, dein bin ich im Leben und im Tod.

2. O ſei uns gnädig,
Sei uns barmherzig,
Führ' uns, o Jeſu, in deine Seligkeit.

185. Mit dem Herrn fang' Alles an!

1. Mit dem Herrn fang' Alles an!
Kindlich mußt du ihm vertrauen,
Darfſt auf eig'ne Kraft nicht bauen;

Demuth schützt vor stolzem Wahn;
„: Mit dem Herrn fang' Alles an. :‘

2. Mit dem Herrn fang' Alles an!
Die sich ihn zum Führer wählen,
Können nie das Ziel verfehlen ;
Sie nur geh'n auf sichrer Bahn.
Mit u. s. w.

3. Mit dem Herrn fang' Alles an!
Muth wird dir der Helfer senden,
Froh wirst du dein Werk vollenden;
Denn es ist in Gott gethan.
Mit u. s. w.

186. Seht ihr auf den grünen Fluren

1. Seht ihr auf den grünen Fluren
Jenen holden Schäfer zieh'n?
Seht ihr unter seinen Spuren
|: Schöner alle Felder blüh'n? :|

2. Kennet ihr die frommen Heerden?
Schauet an den Hirtenstab,
Den des Himmels und der Erden
|: Vater seinen Händen gab. :|

3. Schaut! ein Lamm hat sich verlaufen,
Und er eilet schnellen Lauf,
Läßt den andern großen Haufen,
|: Suchet sein Verlor'nes auf. :|

4. Auf den Schultern heimgetragen
Bringt es der getreue Hirt;

Keines darf nun ängstlich zagen,
‖: Sei es noch so fern verirrt. :‖

5. Möchtet ihr auf dieser Erden
Fühlen solche treue Hut,
Müßt ihr Schäflein Christi werden,
‖: Denen gibt er selbst sein Blut. :‖

6. Herr, mein Gott! auf deinen Weiden,
An dein Brünnlein leite mich;
So durch Freuden wie durch Leiden
‖: Führe du mich seliglich! :‖

187. Der beste Freund ist in dem Himmel.

1. Der beste Freund ist in dem Himmel,
Auf Erden sind nicht Freunde viel,
Denn bei dem falschen Weltgetümmel
Steht Redlichkeit oft auf dem Spiel.
Drum hab' ich's immer so gemeint:
Mein Jesus ist der beste Freund.

2. Die Menschen sind wie eine Wiege;
Mein Jesus stehet felsenfest,
Daß, wenn ich gleich darnieder liege,
Mich seine Freundschaft doch nicht läßt.
Er ist's, der mit mir lacht und weint:
Mein Jesus 2c.

3. Die Welt verkaufet ihre Liebe
Dem, der am meisten nützen kann;
Und scheinet dann das Glücke trübe,

So steht die Freundschaft hinten an.
Doch hier ist es nicht so gemeint;
Mein Jesus 2c.

4. Er läßt sich selber für mich tödten,
Vergießt für mich sein eigen Blut;
Er steht mir bei in allen Nöthen;
Er spricht für meine Schulden gut.
Er hat mir niemals was verneint:
Mein Jesus 2c.

5. Behalte, Welt, dir deine Freunde!
Sie sind doch gar zu wandelbar;
Und hätt' ich hunderttausend Feinde,
So krümmen sie mir nicht ein Haar.
Hier immer Freund, und nimmer Feind:
Mein Jesus 2c.

6. Mein Freund, der mir sein Herze giebet,
Mein Freund, der mein und ich bin sein;
Mein Freund, der mich beständig liebet,
Mein Freund bis in das Grab hinein.
Ach, hab' ich's nun nicht recht gemeint:
Mein Jesus 2c.

188. Ich bin getauft.

1. Ich bin getauft, ich bin geschrieben
Nun in das Buch des Lebens ein;
Stets wird mein Vater mich nun lieben
Und seinem Kinde gnädig sein;
Es ist mein Name Gott bekannt
Und eingeprägt in Christi Hand.

2. Ich bin getauft, ich hab' empfangen
Das allerschönste Ehrenkleid,
Darin ich ewiglich kann prangen
Hier und dort in der Herrlichkeit.
Ich bin mit Jesu Blut erkauft
Und damit bin ich auch getauft.

3. Ich bin getauft, mir ist gegeben
Zu gleicher Zeit der heil'ge Geist;
Der heiliget mein Herz und Leben,
Dafür sei ewig Gott gepreist!
O welche Zier und heil'ge Pracht,
Die mich gerecht und selig macht.

189. Wir haben einen Hirten.

1. Wir haben einen Hirten,
Und der hat uns so lieb,
Das Elend der Verirrten
‖: Ihn auf die Erde trieb. :‖

2. Daß wir den Heiland finden,
Ergriff uns seine Hand.
Sonst ging es uns wie Blinden
‖: In einem fremden Land. :‖

3. Er will uns treu bewahren,
Der treue Kinderfreund.
Wir sollen einst erfahren,
‖: Wie gut er es gemeint. :‖

4. Wir preisen dein Erbarmen,
Du treues Hirtenherz.
Halt' uns in deinen Armen
‖: Und führ' uns himmelwärts. :‖

190. Ein Gärtner geht im Garten.

1. Ein Gärtner geht im Garten,
Wo tausend Blumen blüh'n,
‖: Und alle treu zu warten,
Ist innig sein Bemüh'n. :‖

2. Der gönnt er sanften Regen
Und jener Sonnenschein:
‖: Das nenn' ich treues Pflegen,
Da müssen sie gedeih'n. :‖

3. In liebenden Gedanken
Sieht man sie fröhlich blüh'n;
‖: Sie möchten mit den Ranken
Den Gärtner all umzieh'n. :‖

4. Und wenn ihr Tag gekommen,
Legt er sie an sein Herz,
‖: Und zu den sel'gen Frommen
Trägt er sie himmelwärts, :‖

5. Zu seinem Paradiese,
Zu seiner schönen Welt,
‖: Die nimmermehr, wie diese,
In Staub und Asche fällt. :‖

6. O Gärtner treu und milde,
O laß uns fromm und fein
‖: Zum himmli'schen Gefilde,
Zum ew'gen Lenz gedeih'n! :‖

191. Es zieht ein stiller Engel.

1. Es zieht ein stiller Engel
Durch dieses Erdenland;
||: Zum Trost für Erdenmängel
Hat ihn der Herr gesandt. :||

2. In seinem Blick ist Frieden
Und sanfte, milde Huld:
||: O folg' ihm stets hienieden,
Dem Engel der Geduld! :||

3. Er führt dich immer treulich
Durch alles Erdenleid
||: Und redet so erfreulich
Von einer schönern Zeit; :||

4. Ja, willst du gar verzagen,
Hat er doch guten Muth:
||: Er hilft das Kreuz dir tragen
Und macht noch Alles gut. :||

5. Er macht zur linden Wehmuth
Den herbsten Seelenschmerz
||: Und taucht in stille Demuth
Das ungestüme Herz; :||

6. Er macht die finstre Stunde
Allmälig wieder hell
||: Und heilet jede Wunde
Gewiß, wenn auch nicht schnell. :||

7. Er zürnt nicht deinen Thränen,
Wenn er dich trösten will;
||: Er tadelt nicht dein Sehnen,
Nur macht er's fromm und still; :||

8. Und wenn in Sturmestoben
Du murrend fragst: warum?
||: So deutet er nach oben
Mildlächelnd, aber stumm. :||

9. Er hat für jede Frage
Nicht Antwort gleich bereit;
||: Sein Wahlspruch heißt: ertrage!
Die Ruhstatt ist nicht weit. :||

10. So geht er dir zur Seite
Und redet gar nicht viel
||: Und denkt nur an die Weite,
An's schöne, große Ziel. :||

192. Ich bin klein.

1. Ich bin klein, mein Herz sei rein;
Soll Niemand drin wohnen als Jesus allein.

2. Ich bin klein, der Heiland mein!
Nicht Große und Starke, die Kleinen sind sein.

3. Ich bin klein, der Himmel mein!
Getauft in den Namen des Heilands hinein.

4. Ich bin klein, der Vater mein!
Darf bitten und klopfen, er rufet: Herein!

5. Ich bin klein, sein Wort ist mein!
Auf Schritten und Tritten ein leuchtender
Schein.

6. Ich bin klein, sein Geist ist mein!
Er lehrt mich und treibt mich gehorsam zu sein.

7. Ich bin klein, klein will ich sein,
Bis Jesus mich heimholt zur Himmelsgemein.

193. O laßt uns den freundlichen Heiland erhöh'n.

1. O laßt uns den freundlichen Heiland
erhöh'n!
Ein kindliches Lallen des Dankes ist schön;
Wie dort seiner Engel hochheiligen Chor,
||: So hört hier auch dankende Kinder sein
Ohr. :||

2. Eh' wir ihn noch kannten, hat er uns
geliebt,
Und wenn uns was fehlte, so hat's ihn betrübt.
Er schenkte uns Vater und Mutter zur Pfleg'
||: Und Lehrer, zu finden den himmlischen
Weg. :||

3. Er bauet uns Schulen, zu lernen darin
Die göttliche Weisheit, den himmlischen Sinn,
Und rufet: Ihr Kinder, kommt, höret mir zu!
||: So bring' ich euch alle zur seligen Ruh'. :||

4. Drum hält er zum Lernen, zur Arbeit
uns an,
Ein Jedes lern' gerne und thu', was es kann;
Es nahet ein Sommer und dann kommt die
Ernt':
||: O selig, wer Gutes gesät und gelernt. :||

194. Es liegt auf der Erde ein liebliches Land.

1. Es liegt auf der Erde ein liebliches Land,
Da rinnen die Quellen aus blumigem Rand;

Da scheinet die Sonne stets heiter und mild,
|:Und liebliche Düfte durchweh'n das Gefild.:|

2. Da kennt man nicht Sorgen, da kennt
    man nicht Noth;
Der Vater gibt Leben und Kleidung und Brod;
Die Lehre, die Liebe, die Einfalt, die Treu'
|:Und Frieden und Freuden wird täglich dort
    neu.:|

3. Drin wohnt sich's so selig, drin wohnt
    sich's so schön,
Und Engel durchwandeln die Thäler und
    Höh'n,
In Feldern, in Wäldern, in Gärten und Haus
|:Umschwebend die Menschen, zieh'n ein sie
    und aus.:|

4. Wo liegt dies Gefilde? o saget es mir.
Du suchst's in der Ferne — es findet sich hier.
Die kindliche Unschuld besitzt dieses Land,
|:Drum wird's auch das Ländchen der Kind=
    heit genannt.:|

195. Weißt du, wer dich innig liebet?

1. Weißt du, wer dich innig liebet,
    Mehr, als ich nur sagen kann,
    Wer dich immer treu umgiebet,
    Auf des Lebens dunkler Bahn?
    Weißt du, wer dir gab das Leben,
    Theure Eltern dir geschenkt?

Wer dir, was du hast, gegeben
Und wer stets an dich gedenkt?

2. Weißt du, wer für dich gestorben
Auf dem Berge Golgatha,
Und den Himmel dir erworben,
Als sein Opfertod geschah?
Ja, du weißt ihn und du kennest
Deinen Hirten Jesus Christ,
Dessen Schäflein du dich nennest,
Dessen Eigenthum du bist.

3. Lieb' ihn auch, weil er dich liebet,
Dank' ihm, daß er dich so liebt.
Weine, wenn du ihn betrübst,
Daß er Alles dir vergibt.
Dann wirst du nach diesen Tagen
In den Himmel zu ihm geh'n,
Von den Engeln sanft getragen
Deinen lieben Heiland seh'n.

196. Weißt du, wie viel Sternlein stehen?

1. Weißt du, wie viel Sternlein stehen
An dem blauen Himmelszelt?
Weißt du, wie viel Wolken gehen
Weithin über alle Welt?
Gott, der Herr, hat sie gezählet,
Daß ihm auch nicht Eines fehlet
||: An der ganzen, großen Zahl. :||

2. Weißt du, wie viel Mücklein spielen
In der heißen Sonnengluth?
Wie viel Fischlein auch sich kühlen
In der hellen Wasserfluth?
Gott, der Herr, rief sie mit Namen,
Daß sie all' in's Leben kamen,
‖: Daß sie nun so fröhlich sind. :‖

3. Weißt du, wie viel Kinder frühe
Steh'n aus ihrem Bettlein auf,
Daß sie ohne Sorg' und Mühe
Fröhlich sind im Tageslauf?
Gott im Himmel hat an Allen
Seine Lust, sein Wohlgefallen;
‖: Kennt auch dich und hat dich lieb. :‖

197. Hin nach oben möcht' ich ziehen.

1. Hin nach oben möcht' ich ziehen,
Hin nach meines Vaters Haus,
Wo die ew'gen Höhen glühen,
Wo die Himmelsblumen blühen,
‖: Ruhte meine Seele aus. :‖

2. Still und selig mit Maria
Ihm zu Füßen säß' ich da;
Immer möcht' ich vor ihm knieen,
In mich seine Worte ziehen,
‖: Hätt' ihn immer lieb und nah. :‖

3. Ach, das war ein schöner Segen,
Wenn er mit den Jüngern ging;
Auf den Feldern, auf den Wegen

Jedes Herz wie Maienregen,
‖: Seines Wortes Trost empfing. :‖

4. Doch er ist uns nicht genommen;
Aufgefahren ist er nur.
Herrlich wird er wieder kommen
Und schon jetzt zu seinen Frommen
‖: Kommt er auf geheimer Spur. :‖

5. Meine Seele, gleich der Taube,
Die sich birgt im Felsenstein,
Wird der Erde nicht zum Raube;
In den Himmel bringt der Glaube,
‖: Meine Lieb' und Sehnsucht ein. :‖

198. Mein Jesus ist mein Leben

1. Mein Jesus ist mein Leben,
Mein Theil und mein Gewinn.
Drum will ich ihn erheben,
‖: Weil ich am Leben bin. :‖

2. Er ist die höchste Gabe,
Die mir mein Abba gibt,
Und wenn ich ihn nur habe,
‖: So bin ich unbetrübt. :‖

3. Wenn er in meiner Seelen
Mit Gnaden wohnt und ruht,
So kann mir's niemals fehlen
‖: An irgend einem Gut. :‖

4. Er heilet meine Wunden
Mit seinem Oel und Wein

Und macht von allen Sünden
‖: In seinem Blut mich rein. :‖

5. Er ist mein Trank und Speise,
Mein Licht in Dunkelheit,
Mein Leitsmann auf der Reise,
‖: Mein Sieg in Krieg und Streit, :‖

6. Mein König und mein Hirte,
Mein Priester und Altar,
Mein Opfer, meine Zierde:
‖: Er ist mein Alles gar. :‖

7. Was ich nur kann verlangen,
Hab' ich in ihm allein
Gefunden und empfangen.
‖: Drum kann ich fröhlich sein. :‖

199. Laß nur die Woge toben.

1. Laß nur die Woge toben,
Die an dein Schifflein schlägt.
Es wohnt ein Gott dort oben,
‖: Der deine Leiden wägt, :‖

2. Ein Gott, dem nichts verborgen,
Ein Gott, dem nichts verhehlt,
Der alle deine Sorgen
‖: Und deine Leiden zählt. :‖

3. Er kennt die tiefen Wunden,
Die dir das Leiden schlug,
Und sollen sie gesunden,
‖: Ruft er: es ist genug! :‖

4. Er ruft es voll Erbarmen,
Schließt dir das Auge zu,
Und führt dich, müden Armen,
‖: Mit sanfter Hand zur Ruh'. :‖

200. Der Frühling kehret wieder

1. Der Frühling kehret wieder,
Belebt wird die Natur,
Schon tönen muntre Lieder
‖: Auf grüner Au' und Flur. :‖

2. Der Vöglein Lobgesänge
Sie steigen hoch empor,
Und ihre süßen Klänge
‖: Erfreuen Herz und Ohr. :‖

3. Voll Wohlgeruch und Wonne
In ihrem bunten Kleid
Enthüllt im Licht der Sonne
‖: Die Blume ihr Geschmeid. :‖

4. Der Taube sanftes Girren,
Der Vögel Lobgesang,
Der Käfer dumpfes Schwirren
‖: Bringt Gott, dem Schöpfer, Dank. :‖

5. Dir Schöpfer aller Dinge,
Der du voll Gütigkeit,
Dank' jubelnd ich und singe
‖: In meiner Jugendzeit. :‖

6. Der Frühling meines Lebens
Sei dir, o Gott, geweiht,
Damit ich nie vergebens
‖: Empfang' die Gnadenzeit. :‖

201. Einst unser Herr auf Erden ging.

1. Einst unser Herr auf Erden ging,
Uns hergesandt von Gott,
Der war ein Retter in Gefahr,
Ein Helfer in der Noth.

2. Er zog umher von Haus zu Haus
In niedriger Gestalt,
Und eine Kraft ging von ihm aus,
Die heilte Jung und Alt.

3. Wer elend war, blieb schüchtern steh'n
Und klagte ihm sein Leid;
Ein Wort, ein Blick, dann war's gescheh'n;
Das war ein' sel'ge Zeit.

4. Wie kamen sie doch, Jung und Alt,
Auf Bett und Bahr' zu ihm,
Und gingen alle alsobald
Geholfen wieder hin!

5. Geholfen gingen sie davon,
Und fröhlich all' und frisch,
Der Knecht, der blindgeborne Sohn,
Das Hündlein unterm Tisch.

6. Der arme Knabe, taub und stumm,
Jairus Töchterlein,
Der durch's Dach zu Kapernaum
Im Bette kam herein.

7. Und jene Frau, die all' ihr Gut
Mit Aerzten schier verthan;

Sie hatte nicht zu sprechen Muth
Und rührte heimlich an.

8. Sie stand und stand und wagt' es kaum
Und trat von hinten her
Und rührte an des Kleides Saum
Und hatte ihr Begehr'.

9. O wär' er hier doch, dieser Mann,
Wir liefen gleich zur Stund'
Auch hin zu ihm und rührten an
Und wären dann gesund.

202. Wer beten kann, ist selig dran.

1. Wer beten kann, ist selig dran,
Das ist ein altes Wort;
Und man erfährt's, wie sich's bewährt
An jedem Tag und Ort.

2. Wer beten kann, ist selig dran
In ird'schem Glück und Freud';
Da bleibt man fein demüthig, rein,
Fällt nicht in Eitelkeit.

3. Wer beten kann, ist selig dran,
Wenn bange macht die Schuld;
Da greift man zu und findet Ruh'
Durch Gottes Gnad' und Huld.

4. Wer beten kann, ist selig dran
In aller Erdennoth;
Es schwingt das Herz sich himmelwärts
Und fürchtet nicht den Tod.

5. Wer beten kann, ist selig dran,
Drum wer gern selig ist,
Der betet gern zu Gott dem Herrn
Im Namen Jesu Christ.

203. Mein Heiland ist mein Steuermann.

1. Mein Heiland ist mein Steuermann,
So groß an Macht und Treu'
Treff' ich auf Erden keinen an,
Er steht mir immer bei.
Mein Schifflein hat er selbst gebaut
So wasserdicht und fest.
Mit Wind und Meer ist er vertraut
Und niemals mich verläßt.

2. Oft läßt er wohl geraume Zeit
Mich zieh'n durch Sturm und Nacht;
Doch hat er meine Sicherheit
Schon vor dem Sturm bedacht.
Er ankert selber her und hin
Und lenkt der Winde Lauf,
Den Landungsplatz hat er im Sinn
Und führt mich sicher drauf.

3. Will oft mein Glaube sinken dann,
So wandelt er daher;
Gebietet als ein Felsenmann
Dem Sturme und dem Meer.
„Hier bin ich," ruft er, „fürcht' dich nicht,
Und glaub' und liebe nur!
Ich bleibe in der Nacht dein Licht
Auch ohne helle Spur."

204. Näher, mein Gott, zu dir

1. Näher, mein Gott, zu dir,
Näher zu dir!
Drückt mich auch Kummer hier,
Drohet man mir,
Soll doch troҍ Kreuz und Pein
Dies meine Losung sein:
Näher, mein Gott, zu dir,
Näher zu dir!

2. Bricht mir, wie Jakob dort,
Nacht auch herein,
Find' ich zum Ruheort
Nur einen Stein;
Ist selbst im Traume hier
Mein Sehnen für und für:
Näher, mein Gott, zu dir,
Näher zu dir!

3. Geht auch die schmale Bahn
Aufwärts gar steil,
Führt sie doch himmelan
Zu meinem Heil.
Engel, so licht und schön,
Winken aus lichten Höh'n.
Näher, mein Gott, zu dir,
Näher zu dir.

4. Ist dann die Nacht vorbei,
Leuchtet die Sonn',
Weih' ich mich dir auf's Neu'
Vor deinem Thron,

Baue mein Bethel dir
Und jauchz' mit Freuden hier:
Näher, mein Gott, zu dir,
Näher zu dir.

5. Ist mir auch ganz verhüllt
Dein Weg allhier,
Wird nur mein Wunsch erfüllt:
Näher zu dir!
Schließt dann mein Pilgerlauf,
Schwing' ich mich freudig auf,
Näher, mein Gott, zu dir,
Näher zu dir.

205. Wir sind nur Pilger hier.

1. Wir sind nur Pilger hier,
Droben ist Ruh'!
Heimathwärts eilen wir,
Droben ist Ruh'!
Geht's auch auf rauher Bahn
Unter der Kreuzesfahn',
Geht es doch himmelan;
Droben ist Ruh'.

2. Lasset die Feinde dräu'n,
Droben ist Ruh'!
Jesus will bei uns sein,
Droben ist Ruh'!
Führt uns durch Nacht und Graus,
Führt uns durch Sturmgebraus
Sicher zum Vaterhaus;
Droben ist Ruh'!

3. Trifft uns hier Spott und Hohn,
Droben ist Ruh'!
Groß ist der Gnadenlohn,
Droben ist Ruh'!
Kronen der Herrlichkeit
Sind uns vom Herrn bereit,
Ruhe nach kurzem Streit —
Selige Ruh'!

4. Bald, ja bald schau'n wir ihn,
Droben ist Ruh'!
Sinken anbetend hin,
Droben ist Ruh'!
Seh'n ihn von Angesicht
Jauchzen im Himmelslicht.
Drum, ob das Herz auch bricht —
Droben ist Ruh'!

206. Ew'ger Felsen, nur in dich.

1. Ew'ger Felsen, nur in dich
Möcht' ich still verbergen mich!
Tilge meine Schulden doch;
Mach' mich frei vom Sündenjoch!
Jesu, du vermagst es ja
Durch das Blut auf Golgatha!

2. Ach, nicht einen einz'gen Tag
Dein Gebot ich halten mag.
Ob ich noch so eifrig wär',
Ob ich weinte noch so sehr, —
Thränen waschen mich nicht rein,
Du mußt retten, du allein!

3. Nichts ich bin und nichts ich hab',
Nur vom Kreuz laß' ich nicht ab!
Bin ich bloß, — es deckt mich zu,
Bin ich matt, — dort find' ich Ruh;
Bin ich hülflos, sündenvoll, —
Deine Huld macht Alles wohl.

4. Ob noch Odem in mir ist,
Ob der Tod mein Auge schließt,
Ob die Seele aufwärts flieht
Und dich auf dem Richtstuhl sieht,
Ew'ger Fels, ja, immerfort
Sollst du sein mein Bergungsort.

207. Schönster Herr Jesu.

1. Schönster Herr Jesu,
Herrscher aller Enden,
Gottes und Mariä Sohn;
Dich will ich lieben,
Dich will ich ehren,
Du, meiner Seele Freud' und Kron'.

2. Schön sind die Wälder,
Schöner sind die Felder
In der schönen Frühlingszeit.
Jesus ist schöner,
Jesus ist reiner,
Der unser traurig's Herz erfreut.

3. Schön scheint der Monden,
Schöner leucht't die Sonne,
Und die Sternlein allzumal.

Jesus leucht't schöner,
Jesus glänzt reiner
Als all die Engel im Himmelssaal.

4. Alle die Schönheit
Himmels und der Erden
Ist nur gegen ihn ein Schein;
Keiner auf Erden
Uns lieber kann werden,
Als der schönste Jesus mein.

5. Wann einst ich sterbe,
Daß ich nicht verderbe,
Laß mich dir befohlen sein.
Wann's Herz wird brechen,
Laß es dann sprechen:
O Jesu, Jesu, Jesu mein!

209. Ich will streben nach dem Leben.

1. Ich will streben nach dem Leben,
Wo ich selig bin.
Ich will ringen einzudringen,
Bis daß ich's gewinn.
Hält man mich, so lauf' ich fort,
Bin ich matt, so ruft das Wort:
Fortgerungen, durchgedrungen
Bis zum Kleinod hin.

2. Als berufen zu den Stufen
Vor des Lammes Thron
Will ich eilen; das Verweilen
Bringt oft bösen Lohn.

Wer auch läuft und läuft zu schlecht,
Der versäumt sein Kronenrecht.
Was dahinten, das mag schwinden,
Ich will nichts davon.

3. Jesu, richte mein Gesichte
Nur auf jenes Ziel;
Lenk' die Schritte, stärk' die Tritte,
Wenn ich Schwachheit fühl'.
Lockt die Welt, so sprich mir zu,
Schmäht sie mich, so tröste du;
Deine Gnade führ' gerade
Mich aus ihrem Spiel!

4. Du mußt ziehen; mein Bemühen
Ist zu mangelhaft.
Wo ihr's fehle, fühlt die Seele;
Aber du hast Kraft,
Weil dein Wort das Leben bringt
Und dein Geist das Herz durchdringt.
Dort wird's tönen bei dem Krönen:
Gott ist's, der es schafft.

209. Nur mit Jesu will ich Pilger wandern.

1. Nur mit Jesu will ich Pilger wandern,
Nur mit ihm geh' froh ich ein und aus.
Weg und Ziel find' ich bei keinem Andern,
‖: Er allein bringt Heil in Herz und Haus. :‖

2. Berg und Thal und Feld und Wald
    und Meere,
Froh durchwall' ich sie an seiner Hand.
Wenn der Herr nicht mein Begleiter wäre,
||: Fänd' ich nie das wahre Vaterland. :||

3. Er ist Schutz, wenn ich mich niederlege,
Er mein Hort, wenn früh' ich stehe auf,
Er mein Rather an dem Scheidewege
||: Und mein Trost bei rauhem Pilgerlauf. :||

4. Bei dem Herrn will stets ich Einkehr
    halten,
Er sei Speis' und Trank und Freude mir,
Seine Gnade will ich lassen walten,
||: Ihm befehl' ich Leib und Seele hier; :||

5. Bis es Abend wird für mich hienieden
Und er ruft zur ew'gen Heimath hin,
Bis mit ihm ich gehe ein zum Frieden,
||: Wo sein sel'ger Himmelsgast ich bin. :||

210. Gott ist mein Hirt.

1. Gott ist mein Hirt! Was mangelt je=
    mals mir?
Ihm folg' ich fröhlich nach.
Er weidet mich auf grüner Aue hier,
Führt mich zum frischen Bach.
Er labt mein Herz mit seiner Gnade
Und leitet mich auf sanftem Pfade
Mit Hirtentreu'.

2. Und wandr' ich auch das finst're Thal
   hinab,
Kein Unglück fürchte ich;
Du bist bei mir! Dein Stab, dein Hirtenstab
Ist Trost und Schutz für mich.
Sei's denn, daß Feinde mich beneiden,
Du ladest mich zum Mahl der Freuden
An deinem Tisch.

3. Du salbst mein Haupt mit heil'gem Oel
   und schenkst
Mir vollen Becher ein.
Mein Hirt, der du so gnädig mein gedenkst,
Du wirst mir Alles sein.
Du labest mich schon hier mit Freuden,
Und dort wird ewig nichts mich scheiden
Von dir, mein Heil.

211. Gott mit mir auf allen Wegen.

1. Gott mit mir auf allen Wegen,
   Gott mit mir zu jeder Zeit.
   Bei dem Herrn ist eitel Segen.
   Ihm sei Dank in Ewigkeit.
   Fragt ihr mich: wie geht es dir?
   |: Ewig, ewig Gott mit mir. :|

2. Um mich her der Welt Gedränge,
   Ueber mir die Gluth so heiß,
   Und es greift die große Menge
   Lieber nach der Erde Preis.

Fragt ihr mich: wie geht es dir?
||: Auch im Kummer Gott mit mir! :||

3. Gott mit mir! wie sollt' ich zagen?
Gott mit mir! die Allmacht wacht.
Gott mit mir in hellen Tagen,
Gott mit mir in dunkler Nacht!
Fragt ihr mich: wie geht es dir?
||: Ewig, ewig Gott mit mir! :||

212. Demuth ist die schönste Tugend

1. Demuth ist die schönste Tugend,
Aller Christen Ruhm und Ehr',
Schmücket schon uns in der Jugend
Und im Alter noch viel mehr,
Wenn wir unser Nichts erkennen,
Jesum unser Alles nennen.
Sie ist mehr als Gut und Geld
Und was herrlich in der Welt.

2. Du, o Jesu, warst demüthig
Und erhobst dich selber nicht;
Sanft und liebevoll und gütig
War dein heilig Angesicht.
Niemand fand in deinem Leben
Je ein Prangen und Erheben,
Und du ladest Alle ein,
Demuthsvoll, wie du, zu sein.

3. Herr, laß mich demüthig werden!
Demuth macht das Herze rein;
Es soll Demuth in Gebärden,

Demuth soll im Herzen sein;
Demuth gegen meine Freunde,
Demuth gegen meine Feinde,
Demuth gegen meinen Gott,
Demuth auch in Kreuz und Spott.

4. Auf die Demuth folget Wonne,
Deine Gnade in der Zeit,
Und dort bei der Freudensonne
Friede, Licht und Herrlichkeit.
Da wird Demuth ewig prangen
Und den schönsten Schmuck empfangen.
Den, der hier der Kleinste war,
Stellst du dort als Größten dar.

213. So nimm denn meine Hände.

1. So nimm denn meine Hände
Und führe mich
Bis an mein selig Ende
Und ewiglich.
Ich kann allein nicht gehen,
Nicht einen Schritt.
Wo du wirst geh'n und stehen,
Da nimm mich mit.

2. In deine Gnade hülle
Mein schwaches Herz,
Und mach' es all'zeit stille
In Freud' und Schmerz.
Laß ruh'n zu deinen Füßen
Dein schwaches Kind.

Es will die Augen schließen
Und glauben blind.

3. Wenn ich auch gar nichts fühle
Von deiner Macht,
Du bringst mich doch zum Ziele
Auch durch die Nacht.
So nimm denn meine Hände
Und führe mich
Bis an mein selig Ende
Und ewiglich.

214. Wie könnt' ich ruhig schlafen

1. Wie könnt' ich ruhig schlafen
In dunkler Nacht,
Wenn ich, o Gott und Vater,
Nicht dein gedacht?
Es hat des Tages Treiben
Mein Herz zerstreut;
Bei dir, bei dir ist Frieden
Und Seligkeit.

2. O decke meine Mängel
Mit deiner Huld,
Du bist ja, Gott, die Liebe
Und die Geduld!
Gib mir, um was ich flehe,
Ein reines Herz,
Das dir voll Freuden diene
In Glück und Schmerz!

3. Auch hilf, daß ich vergebe,
Wie du vergibst,

Und meinen Bruder liebe,
Wie du mich liebst:
So schlaf' ich ohne Bangen
In Frieden ein,
Und träume süß und stille
Und denke dein!

215. Wer nur den lieben Gott läßt walten.

1. Wer nur den lieben Gott läßt walten
Und hoffet auf ihn allezeit,
Den wird er wunderbar erhalten
In aller Noth und Traurigkeit.
Wer Gott, dem Allerhöchsten, traut,
Der hat auf keinen Sand gebaut.

2. Was helfen uns die schweren Sorgen,
Was hilft uns unser Weh' und Ach?
Was hilft es, daß wir alle Morgen
Beseufzen unser Ungemach?
Wir machen unser Kreuz und Leid
Nur größer durch die Traurigkeit.

3. Sing', bet' und geh' auf Gottes Wegen,
Verricht' das Deine nur getreu,
Und trau' des Himmels reichem Segen,
So wird er bei dir werden neu;
Denn welcher seine Zuversicht
Auf Gott setzt, den verläßt er nicht.

216. Wer will ein Streiter Jesu sein.

1. Wer will ein Streiter Jesu sein
Und nicht ein Widerchrist,
Der stelle sich zur Werbung ein,
Wie es geboten ist.
Die Kreuzesfahne weht;
Wohl dem, der bei ihr steht,
Posaunen schallen weit und breit:
Frisch auf, frisch auf zum Streit!

2. Wer sich zu diesem König hält,
Bekommt ein Ehrenkleid,
Das schmücket ihn vor aller Welt
Mit der Gerechtigkeit;
Zum Handgeld und zum Sold
Mit Kreuz geprägtes Gold,
Zur Nahrung Brod und Wassers satt,
Geduld zur Lagerstatt.

3. Und dafür wird man täglich sein
In Waffen exercirt,
Bald truppenweis, bald ganz allein,
Bald links, bald rechts geführt.
Man ziehet auf die Wacht,
Gibt auf die Ordre Acht,
Und also kommt man allgemach
Den Kampfgeübten nach.

4. Und kommt es endlich dann zur Schlacht
Mit manchem Feindesheer,
Wo's haut und sticht und brennt und kracht,
Da braucht man gute Wehr:

Den Glaubensschild, der schützt,
Den Helm des Heils, der blitzt,
Das Wort, das als ein scharfes Schwert
Durch Mark und Seele fährt.

Die Kriegsmanier ist mancherlei,
Die Wahlstatt hin und her;
Des Einen Kampf ist bald vorbei,
Der Andre leidet mehr.
Wird auch ein Streiter wund,
So macht ihn Gott gesund
Und schenkt ihm wieder neue Kraft
Zu seiner Ritterschaft.

6. Ist nun des Feindes Macht gedämpft,
So folgt der Gnadenlohn.
Ein Jeder, welcher recht gekämpft,
Kriegt eine Siegeskron',
Ein schönes Königreich,
Da er, den Engeln gleich,
Vor dem Monarchen jubilirt
Und ewig triumphirt.

7. Wer aber schlecht, ja gar nicht ficht
Und keinen Muth mehr faßt,
Wer sich in fremde Händel flicht
Und seine Hab' verpraßt,
Wer Eid und Pflicht vergißt
Und widerspenstig ist,
Den trifft als einen bösen Knecht
Ein scharfes Kriegsgericht.

8. So kommet denn und bücket euch
Vor Jesu Christi Thron!

Ihr Streiter, kommet allzugleich,
Schaart euch um Gottes Sohn!
Hebt euer Haupt empor!
Er geht euch Allen vor;
Drum seid getrost und sehet nur
Auf eures Feldherrn Spur.

9. Wohlan, mein Fürst und General,
Auf deinen Musterplan
Und unter deine Heldenzahl
Meld' ich mich denn auch an.
Gib mir, was ein Soldat
Durchgehends nöthig hat,
Ein standhaft Herz bis in den Tod
Aus dir, Herr Zebaoth!

10. Zeuch mit mir durch dies Feindesland,
Ich kann nichts ohne dich.
Regier' mein Herze, Mund und Hand,
So krieg' ich ritterlich;
Bei dir ist Sieg, bei dir!
O Herzog, steh' bei mir!
So sing' ich dann: Viktoria!
Amen, Hallelujah.

217. Gott ist die Liebe.

1. Gott ist die Liebe, läßt mich erlösen,
Gott ist die Liebe, er liebt auch mich.
Drum sag' ich noch einmal:
Gott ist die Liebe,
Gott ist die Liebe, er liebt auch mich.

2. Ich lag in Banden der schnöden Sünde;
Ich lag in Banden und konnt' nicht los.
Drum u. s. w.

3. Ich lag im Tode, des Teufels Schrecken;
Ich lag im Tode, der Sünden Sold.
Drum u. s. w.

4. Er sandte Jesum, den treuen Heiland;
Er sandte Jesum und macht' mich los.
Drum u. s. w.

5. Jesus, mein Heiland, gab sich zum Opfer;
Jesus, mein Heiland, büßt' meine Schuld.
Drum u. s. w.

6. Er ließ mich laden durch's Wort der Gna=
Er ließ mich laden durch seinen Geist. [den;
Drum u. s. w.

7. Das Wort der Gnade ist meine Speise;
Das Wort der Gnade stillt meinen Durst.
Drum u. s. w.

8. Du heilst, o Liebe, all meinen Jammer;
Du stillst, o Liebe, mein tiefstes Weh.
Drum u. s. w.

9. Du füllst mit Freuden die matte Seele;
Du füllst mit Frieden mein armes Herz.
Drum u. s. w.

10. Du läßt mich erben die ew'ge Freude;
Du läßt mich erben die ew'ge Ruh'.
Drum u. s. w.

11. Dich will ich preisen, du ew'ge Liebe;
Dich will ich loben, so lang' ich bin.
Drum u. s. w.

218. Harre' meine Seele.

1. Harre, meine Seele
Harre des Herrn!
Alles ihm befehle,
Hilft er doch so gern.
‖:Sei unverzagt,
Bald der Morgen tagt,
Und ein neuer Frühling
Folgt dem Winter nach!:‖
In allen Stürmen,
In aller Noth
Wird er dich beschirmen,
Der treue Gott.

2. Harre, meine Seele,
Harre des Herrn!
Alles ihm befehle,
Hilft er doch so gern.
‖:Wenn Alles bricht,
Gott verläßt uns nicht;
Größer als der Helfer
Ist die Noth ja nicht.:‖
Ewige Treue,
Retter in Noth,
Rett' auch meine Seele,
Du treuer Gott!

219. Das ist unbeschreiblich.

1. Das ist unbeschreiblich,
Wie uns Jesus liebt,

Und es ist unglaublich,
Wie man ihn betrübt.
Thun's doch gute Kinder,
Die sein Herze seh'n
Und nicht mehr wie Sünder
Unterm Fluche steh'n.

2. Herr und Gott der Deinen,
Fang' auf's Neue an!
Höre unser Weinen,
Weil man sonst nichts kann,
Und erzeig' dich gnädig
Herzen, die so schwach;
Mach' uns Alle ledig
Von der Lüste Schmach!

3. Mach' zu deinem Tempel
Unsern Leib bereit,
Herr, nach dem Exempel
Deiner Menschlichkeit;
Weih' ihm Haupt und Glieder,
Und verkläre ihn
Ueber aller Brüder
Denken und Bemüh'n!

4. Unsrer Wallfahrt Stunden
Heilige du dir;
Mach' uns deine Wunden,
Lamm, zur Ehr' und Zier!
Laß dein Volk erfahren,
Wen die Sammelstadt
Der erlösten Schaaren
Bei sich drinnen hat!

220. Wider alle Wunden.

1. Wider alle Wunden
Gibt's ein kräftig Kraut;
Der hat Heilung funden,
Wer dies Kräutlein baut.
In des Glaubens Garten
Ist es nur zu schau'n;
Lern' das Kräutlein warten,
Es heißt: Gottvertrau'n.

2. Singt zu allen Zeiten
Von des Vaters Huld,
Singt: an keinem Leiden
Ist die Liebe schuld.
Was sie gibt zu tragen,
Ist dem Menschen noth,
Daß er lerne sagen:
Sterben ist kein Tod.

221. Wie herrlich ist's, ein Schäflein Christi werden.

1. Wie herrlich ist's, ein Schäflein Christi
werden
Und in der Hut des treusten Hirten steh'n!
Kein höh'rer Stand ist auf der ganzen Erden,
Als unverrückt dem Hirten nachzugeh'n.
Was alle Welt nicht geben kann,
Das trifft ein solches Schaf bei seinem Hir-
ten an.

2. Hier findet es die angenehmsten Auen,
Hier wird ihm stets ein frischer Quell entdeckt,
Kein Auge kann die Gnade überschauen,
Die es allhier in reicher Fülle schmeckt;
Hier wird ein Leben mitgetheilt,
Das unaufhörlich ist und nie vorübereilt.

3. Wer leben will und gute Tage sehen,
Der halte sich zu dieses Hirten Stab!
Hier wird sein Fuß auf süßer Weide gehen,
Da ihm die Welt vorher nur Träber gab:
Hier wird nichts Gutes mehr vermißt,
Dieweil der Hirt ein Herr der Schätze Got=
 tes ist.

222. Es kennt der Herr die Seinen.

1. Es kennt der Herr die Seinen
Und hat sie stets gekannt,
Die Großen und die Kleinen
In jedem Volk und Land!
‖: Er läßt sie nicht verderben,
Er führt sie aus und ein.
Im Leben und im Sterben
Sind sie und bleiben sein. :‖

2. Er kennet seine Schaaren
Am Glauben, der nicht schaut
Und doch dem Unsichtbaren,
Als säh' er ihn, vertraut;
‖: Der aus dem Wort gezeuget
Und durch das Wort sich nährt

Und vor dem Wort sich benget
Und mit dem Wort sich wehrt. :‖

3. Er kennt sie als die Seinen
An ihrer Hoffnung Muth,
Die fröhlich auf dem Einen,
Daß er der Herr ist, ruht,
‖:In seiner Wahrheit Glanze
Sich sonnet frei und kühn,
Die wunderbare Pflanze,
Die immerdar ist grün. :‖

4. Er kennt sie an der Liebe,
Die seiner Liebe Frucht,
Und die mit lauterm Triebe
Ihm zu gefallen sucht;
‖:Die Andern so begegnet,
Wie er das Herz bewegt,
Die segnet, wie er segnet,
Und trägt, wie er sie trägt. :‖

5. So hilf uns, Herr, zum Glauben,
Und halt' uns stets dabei;
Laß nichts die Hoffnung rauben,
Die Liebe herzlich sei.
‖:Und wird der Tag erscheinen,
Da dich die Welt wird seh'n,
So laß uns als die Deinen
Zu deiner Rechten steh'n. :‖

223. Ist's auch eine Freude.

1. Ist's auch ein Freude,
Mensch geboren sein?

Darf ich mich auch heute
Meines Lebens freu'n;

2. Wo so viele Thränen,
So viel Sünd' und Noth,
So viel banges Sehnen,
Schmerz und endlich Tod?

3. Ja, es wär' zum Weinen,
Wenn kein Heiland wär',
Aber sein Erscheinen
Bracht' den Himmel her.

4. Wer zu ihm kann sagen:
Mein Gott und mein Herr!
Darf ja nimmer klagen,
Stets wird's herrlicher.

5. Möcht' vor Liebe weinen
Jesu, Schmerzensmann,
Nahmst auch mich in deinen
Ew'gen Liebesplan.

6. Hast mein Herz gerühret,
Daß ich's gern dir gab,
Hast mich treu geführet,
Daß ich dich noch hab'.

7. Ich hab' sel'ge Stunden
Oft bei dir, o Herr,
Aus dir Kraft empfunden,
Wenn mein Herz war schwer.

8. Hast mir viel vergeben,
Mir, dem schnöden Kind,
Neue Gnad' gegeben
Mir, der schlecht gedient.

9. Ist's nicht so auf Erden
Gut ein Mensch zu sein?
Wagt's, euch, ihr Gefährten,
Ganz im Herrn zu freu'n.

10. Wüßten's doch die Leute,
Wie's beim Heiland ist,
Sicher würde heute
Mancher noch ein Christ.

11. Doch hat bei der Freude
Auch der Christ viel Schmerz;
Aber auch im Leide
Blickt er himmelwärts.

12. Und vom Himmel nieder
Blickt sein Herr ihn an,
Daß er fröhlich wieder
Weiter pilgern kann.

13. Endlich kommt er leise,
Nimmt uns bei der Hand,
Bringt uns von der Reise
Heim in's Vaterland.

14. Dann ist's ausgerungen.
O dann sind wir da!
Droben wird gesungen
Ein Viktoria!

224. Goldne Abendsonne.

1. Goldne Abendsonne,
Wie bist du so schön!

Nie kann ohne Wonne
Deinen Glanz ich seh'n.

2. Willst nun, Sonne, fliehen
Mit dem schönen Strahl,
Nach dem Meere ziehen
Ueber Berg und Thal.

3. Abendglocken singen
Von der Thürme Dach
Mit gewalt'gem Schwingen
Dir den Abschied nach.

4. Und die Hände heben
Zum Gebet sich all';
Die Gebete schweben
Auf zum Himmelssaal.

5. Noch erhellt dein Blitzen
Auf dem Thurm den Kranz
Und der Berge Spitzen
Mit dem Purpurglanz.

6. Seht, sie ist geschieden,
Läßt uns in der Nacht;
Doch wir sind in Frieden:
Der im Himmel wacht.

7. Du, o Gott der Wunder,
Der im Himmel wohnt,
Gehest nicht so unter,
Wie die Sonn', der Mond.

8. Wollest doch uns senden,
Herr, dein ewig Licht,
Daß zu dir wir wenden
Herz und Angesicht.

225. Mir nach, spricht Christus, unser Held.

1. Mir nach, spricht Christus, unser Held,
Mir nach, ihr Christen alle!
Verleugnet euch, verlaßt die Welt,
Folgt meinem Ruf und Schalle!
Nehmt euer Kreuz und Ungemach
Auf euch, folgt meinem Wandel nach.

2. Fällt's euch zu schwer, ich geh' voran,
Ich steh' euch an der Seite,
Ich kämpfe selbst, ich brech' die Bahn,
Bin Alles in dem Streite.
Ein böser Knecht, der still will steh'n,
Sieht er voran den Feldherrn geh'n.

3. Wer seine Seel' zu finden meint,
Wird sie ohn' mich verlieren;
Wer sie hier zu verlieren scheint,
Wird sie in Gott einführen.
Wer nicht sein Kreuz nimmt und folgt mir,
Ist mein nicht werth und meiner Zier.

226. Wenn ich ihn nur habe.

1. Wenn ich ihn nur habe,
Wenn er mein nur ist,
Wenn mein Herz bis hin zum Grabe
Seine Treue nie vergißt,
Weiß ich nichts von Leide,
Fühle nichts als Andacht, Lieb' und Freude.

2. Wenn ich ihn nur habe,
Laß ich Alles gern,
Folg' an meinem Wanderstabe
Treu gesinnt nur meinem Herrn.
Lasse still die Andern
Breite, lichte, volle Straßen wandern.

3. Wo ich ihn nur habe,
Ist mein Vaterland;
Und es fällt mir jede Gabe
Wie ein Erbtheil in die Hand.
Längst vermißte Brüder
Find' ich nun in seinen Jüngern wieder.

4. Wenn ich ihn nur habe,
Ist mir ewig wohl,
Bis ich einstens hin zum Grabe
Von der Erde scheiden soll.
Dann ist alles Leiden
Freuden in den ew'gen Seligkeiten.

227. Ueb' immer Treu' und Redlichkeit.

1. Ueb' immer Treu' und Redlichkeit
Bis an dein kühles Grab
Und weiche keinen Fingerbreit
Von Gottes Wegen ab.

2. Dann wirst du wie auf grünen Au'n
Durch's Pilgerleben geh'n;
Dann kannst du ohne Furcht und Grau'n
Dem Tod in's Auge seh'n.

3. Dann wird die Sichel und der Pflug
   In deiner Hand so leicht,
   Dann singest du beim Wasserkrug,
   Als wär' dir Wein gereicht.

4. Dem Bösewicht wird Alles schwer,
   Er thue, was er thu',
   Das Laster treibt ihn hin und her
   Und läßt ihm keine Ruh'.

5. Der Wind im Hain, das Laub am Baum
   Saust ihm Entsetzen zu;
   Er findet nach des Lebens Traum
   Im Grabe keine Ruh'.

6. Drum übe Treu' und Redlichkeit
   Bis an dein kühles Grab
   Und weiche keinen Fingerbreit
   Von Gottes Wegen ab.

228. Singt Gottes Lob im Winter auch.

1. Singt Gottes Lob im Winter auch;
   Er ist so treu und gut,
   Er nimmt vor Frost und Sturmeshauch
   Die Saat in seine Hut.

2. Er deckt sie mit dem Schnee so dicht,
   So weich und sicher zu;
   Sie merkt den harten Winter nicht
   Und schläft in stiller Ruh'.

3\. Singt Gottes Lob zur Winterzeit;
Er ist so treu und gut,
Er schenkt dem Sperling warmes Kleid
Und warmes, rasches Blut.

4\. Er zeiget ihm sein Futter an,
Ein Körnlein hie und da
Und führt ihn, daß er's finden kann,
Auf Wegen fern und nah.

5\. O lobet Gott, den Winter lang;
Er ist so treu und gut,
Und führt auch eurer Füße Gang
Und gibt euch frohen Muth.

6\. Und schenkt euch guter Gaben viel
Für euren Leib und Geist,
Schenkt Kraft und Fleiß und Lust zum Spiel
Und Glauben allermeist.

229. Was ist das Göttlichste auf dieser Welt?

1\. Was ist das Göttlichste auf dieser Welt?
Was hält uns aufrecht im Gewand vom Staube?
Was ist's, das hier schon Engeln uns gesellt?
:|: Es ist das geistig Herrlichste, der Glaube.:|:

2\. Wodurch sind wir dem Schöpfer selbst verwandt?
Wie nennen wir den göttlichsten der Triebe?

L.=B. f. S. S.   16   215

Was ist der Zukunft Freuden sichres Pfand?
||: Es ist des Herzens Seligkeit, die Liebe.:||

3. Was mahnt im Leiden sanft uns zur
Geduld?
Wodurch seh'n wir schon hier den Himmel offen?
Was ist des ew'gen Vaters höchste Huld?
||: Es ist der Seele reinste Labung, Hoffen..:||

230. Was Gott thut, das ist wohl gethan.

1. Was Gott thut, das ist wohl gethan!
Es bleibt gerecht sein Wille;
Wie er fängt meine Sachen an,
Will ich ihm halten stille.
Er ist mein Gott,
Der in der Noth
Mich wohl weiß zu erhalten,
Drum laß ich ihn nur walten.

2. Was Gott thut, das ist wohl gethan!
Er wird mich nicht betrügen;
Er führet mich auf rechter Bahn,
So laß ich mir genügen
An seiner Huld
Und hab' Geduld;
Er wird mein Unglück wenden;
Es steht in seinen Händen.

3. Was Gott thut, das ist wohl gethan!
Dabei will ich verbleiben;

Es mag mich auf die rauhe Bahn
Noth, Tod und Elend treiben:
So wird Gott mich
Ganz väterlich
In seinen Armen halten;
Drum laß ich ihn nur walten.

231. Ich bin ein kleines Kindelein.

1. Ich bin ein kleines Kindelein
Und meine Kraft ist schwach.
Ich wollte gerne selig sein
Und weiß nicht, wie ich's mach'.

2. Mein Jesu, du bist, mir zu gut,
Einst auch ein Kind geweft
Und hast mich durch dein theures Blut
Von aller Noth erlöst.

3. Ach, liebster Heiland, rath' mir nun,
Was ich aus Dankbarkeit
Für alle deine Lieb' soll thun,
Und was dein Herz erfreut.

4. Ich armes Kindlein aber kann
Nichts von mir selber thun.
Drum hilf du mir, du starker Mann,
Herr Jesu, hilf mir nun!

5. Ach, nimm mein ganzes Herz dir hin,
Nimm's, liebster Jesu Christ,
Ich weiß, daß ich dein eigen bin
Und du mein Heiland bist.

232. Ach, lehre mich ein Kindlein sein.

1. Ach, lehre mich ein Kindlein sein,
Du mein Herr Jesu Christ,
Das still in deine Hand hinein
Sich legt und selig ist.

2. Ist's ringsum dunkel, bang' und trüb',
Das Kindlein merkt es nicht;
Es hat ja seinen Heiland lieb,
Bei ihm ist lauter Licht.

3. Wenn Vater, Mutter von ihm geh'n,
Ist es doch nicht allein;
Es darf dem Herrn in's Antlitz seh'n,
Der will sein Vater sein.

4. Und ist's auch fremd in weiter Welt,
Es wandert ruhig fort;
Denn Jesus sich ihm zugesellt,
Führt's an den Himmelsort.

5. Er führt's durch manche dunkle Nacht,
Und wenn das Kindlein weint,
So trocknet er die Thränen sacht
Und spricht: „Ich bin dein Freund."

6. Hat's Kindlein irgend ein Begehr
Es weiß, zu wem es geht.
Sein Heiland neigt das Ohr ihm her
Und thut, um was es fleht.

7. Und ist das Kindlein endlich müd',
So holt er's zu sich heim,
Es schließt die Augen zu in Fried'
Und darf beim Heiland sein.

233. Es geht durch alle Lande.

1. Es geht durch alle Lande
Ein Engel still umher,
Kein Auge kann ihn sehen,
Doch Alles siehet er.
Der Himmel ist sein Vaterland,
Vom lieben Gott ist er gesandt.

2. Er geht von Haus zu Hause,
Und wo ein gutes Kind
Bei Vater oder Mutter
Im Kämmerlein sich find't,
Da wohnt er gern und bleibet da
Und ist dem Kindlein immer nah.

3. Er spielet mit dem Kinde
So traulich und so fein.
Er hilft ihm fleißig lernen
Und stets gehorsam sein.
Das Kind befolgt's mit frohem Muth;
Drum bleibt es auch so lieb und gut.

4. Und geht das Kind zur Ruhe,
Der Engel weichet nicht.
Er hütet treu sein Bettchen
Bis an das Morgenlicht.
Er weckt es auf mit stillem Kuß
Zur Arbeit und zum Frohgenuß.

5. Und wenn ein Kind sein Auge
Im Todesschlummer schloß,

So trägt ein treuer Engel
Es in des Heilands Schooß
Und schwingt sich über Berg und Thal
Mit ihm hinauf zum Himmelssaal.

234. Wie ist es einem Kind zu Muth.

1. Wie ist es einem Kind zu Muth,
   Das in dem Arm der Mutter ruht?
   Nicht wahr, es ist ihm wohl?
   Ja wohl! ja wohl!
   Denn solch ein Kind hat's gut.

2. Wie ist es einem Kind zu Muth,
   Das in den Armen Jesu ruht?
   Das ist ein selig Kind!
   Denn solch ein Kind
   Hat's besser noch als gut.

3. Es mag dann kommen, was da will,
   Das sel'ge Kind, das bleibet still.
   Es sieht den Heiland an;
   Das ist der Mann,
   Der helfen kann und will.

4. Und reget sich der Eigensinn
   Im Herzen dieses Kindes drin,
   So ruft's den Heiland an:
   „Du starker Mann,
   Herr Jesu, nimm ihn hin!"

5. Wenn dann das Kind was Böses thut
   Aus Leichtsinn oder Uebermuth,

So schreit's zum Herrn: „Verzeih',
Verzeih', verzeih'!
Und sei mir wieder gut."

6. Und er erhöret das Gebet,
Wenn solch ein Kindlein zu ihm fleht,
Vergibt ihm seine Schuld
Mit Lieb' und Huld,
Daß alle Angst vergeht.

7. Und stirbt einmal ein solches Kind,
So trägt er's in sein Reich geschwind.
Da, da ist ew'ge Freud'
Und Herrlichkeit.
Wie gut hat's solch ein Kind!

235. Laßt die Kindlein zu mir kommen.

1. „Laßt die Kindlein zu mir kommen,"
Ruft der große Gottessohn,
Mit dem Blick voll Lieb' entglommen,
Mit dem süßen Freundeston.
Hört, euch ruft die ew'ge Liebe;
Kinder, eilet ihm an's Herz,
Wenn nur Eins ihm fremde bliebe,
Ach ihm wär's ein bitt'rer Schmerz.

2. Ja, ich will zu Jesu kommen;
Kinderfreund, hier siehst du mich.
Ach, so liebreich aufgenommen,
Schmieget sich dein Kind an dich.

O wie süß ist dein Umfangen!
Huldreich blickst du niederwärts
Mit dem freundlichen Verlangen:
Gib, mein Kind, gib mir dein Herz.

3. Ja, ich will mein Herz dir geben;
Nimm es dir zu eigen hin!
Dein zu sein und dir zu leben,
Darnach steht mein ganzer Sinn.
Komm, die Hand mir aufzulegen,
Segensfreund! und segne mich.
O. wen du erquickst mit Segen,
Ist gesegnet ewiglich.

236. Denkt, ich weiß ein Schäfelein.

1. Denkt, ich weiß ein Schäfelein,
Das wollt' gar nicht folgsam sein,
Lief von seiner Heerde weg,
Kam auf einen bösen Weg.
||: Denkt, denkt, denkt, das Schäfelein
||: Doch mein Heiland, :|| [war ich, :||
Doch mein Heiland suchte mich.

2. Denkt, ich weiß ein Schäfelein,
Das lief über Stock und Stein,
Fiel bald da, bald dort einmal,
Ward verwundet überall.
||:Denkt, denkt, denkt u. s. w.:||
||: Doch mein Heiland, :||
Doch mein Heiland heilte mich.

3. Denkt, ich weiß ein Schäfelein,
Das gerieth in Sumpf hinein;
Da kam gar ein böses Thier,

Das hätt' es zerrissen schier.
||: Denkt, denkt, denkt u. s. w. :||
||: Denn mein Heiland, :||
Denn mein Heiland schützte mich.

4. Denkt, ich weiß ein Schäfelein,
Das ergriff der Hirte sein,
Der zog's aus dem Sumpf heraus
Und trug's auf dem Arm nach Haus.
||: Denkt, denkt, denkt u. s. w. :||
||: Denn der Heiland, :||
Denn der Heiland liebte mich.

5. Ja, ich bin das Schäfelein
Und will nun ganz folgsam sein,
Will nicht mehr vom Hirten weg,
Bleib jetzt auf dem guten Weg.
||: Ja, ja, ja, das Schäflein will ich sein, :||
||: Ja, mein Heiland, :||
Ja, mein Heiland, ich bin dein.

237. Ihr Kinder, wollt ihr glücklich sein.

1. Ihr Kinder, wollt ihr glücklich sein,
Müßt ihr zu Jesu geh'n
Und auf sein Vorbild nur allein
Zu allen Zeiten seh'n.
Er ist so lieb, so hold und treu
Und hat die Kinder gern;
Drum tretet immer ohne Scheu
Vor euren lieben Herrn.

2. Er spielte einst als holdes Kind
Mit Menschenkindern gern;

Doch war er immer fromm gesinnt,
Blieb jeder Sünde fern.
Zum Hause Gottes zieht er hin,
Hört gute Lehrer an;
Doch ist er auch mit frommem Sinn
Den Eltern unterthan.

3. Und da er als der starke Held
Den Kreuzesweg einschlug,
Auf welchem er die Sünd' der Welt·
Mit tausend Schmerzen trug,
Da ließ er noch das schöne Wort
Als theure Gabe hier:
„O drängt mir nicht die Kindlein fort,
Das Himmelreich ist ihr."

4. Und als er Teufel, Höll' und Tod
Einst siegreich überwand
Und dort im schönen Morgenroth
Vor seinem Petrus stand,
Da sprach er: „Petrus, liebst du mich
Viel mehr, denn diese hier?
So weide ja sorgfältiglich
Stets meine Lämmer mir!"

5. Drum, Kinder, wollt ihr glücklich sein,
Vergesset Jesum nicht!
Er ist es einzig und allein,
Der nie sein Wort euch bricht.
O rühmet fröhlich allezeit
Den großen Kinderfreund,
Bis euch in froher Ewigkeit
Sein Gnadenantlitz scheint.

238. Aus tiefer Noth schrei ich zu dir.

1. Aus tiefer Noth schrei ich zu dir,
Herr Gott, erhör' mein Rufen.
Dein gnädig Ohr neig' her zu mir
Und meiner Bitt' es öffne.
Denn so du willst das sehen an,
Was Sünd' und Unrecht ist gethan,
Wer kann, Herr, vor dir bleiben?

2. Bei dir gilt nichts, denn Gnad' und Gunst,
Die Sünde zu vergeben;
Es ist doch unser Thun umsonst
Auch in dem besten Leben;
Vor dir sich Niemand rühmen kann;
Deß muß dich fürchten Jedermann
Und deiner Gnade leben.

3. Darum auf Gott will hoffen ich,
Auf mein Verdienst nicht bauen,
Auf ihn will ich verlassen mich
Und seiner Güte trauen,
Die mir zusagt sein werthes Wort,
Das ist mein Trost und treuer Hort,
Deß will ich allzeit harren.

4. Und ob es währt bis in die Nacht
Und wieder an den Morgen,
Doch soll mein Herz an Gottes Macht
Verzweifeln nicht, noch sorgen.
So thu' Israel rechter Art,
Der aus dem Geist erzeuget ward,
Und seines Gott's erharre.

5. Ob bei uns ist der Sünden viel,
Bei Gott ist viel mehr Gnade;
Sein' Hand zu helfen hat kein Ziel,
Wie groß auch sei der Schade.
Er ist allein der gute Hirt,
Der Israel erlösen wird
Aus seinen Sünden allen.

239. An dein Bluten und Erbleichen.

1. An dein Bluten und Erbleichen
An dein Opfer ohne Gleichen,
An dein priesterliches Flehen
Mahnet mich des Geistes Wehen.
Und so wünsch' ich, ew'ge Güte,
Für mein Leben eine Blüthe,
Einen Ruhm an meinem Grabe·
Daß ich dich geliebet habe.

2. Hohepriester ohne Tadel,
Lebensfürst von großem Adel!
Licht und Herrlichkeit entfalten,
Segnen heißt dein hohes Walten,
Segnend trittst du mir entgegen;
Und so wünsch' ich einen Segen,
Einen Ruhm an meinem Grabe:
Daß ich dich geliebet habe.

3. Nur du giltst im Heiligthume;
Und zu deiner Wunden Ruhme,
Weil du für die Sünder littest,
Gibt der Vater, was du bittest.

Lieben will ich, fleh'n und loben,
Bis der Vorhang weggeschoben;
Dann zu dir, du Ewigreiner!
Jesus Christus, denke meiner!

240. Wo findet die Seele die Heimath. die Ruh'?

1. Wo findet die Seele die Heimath, die
   Ruh!
Wer deckt sie mit schützenden Fittigen zu?
Ach, bietet die Welt keine Freistatt mir an,
Wo Sünde nicht herrschen, nicht anfechten kann?
Nein, nein, nein, nein, hier ist sie nicht,
Die Heimath der Seele ist droben im Licht.

2. Verlasset die Erde, die Heimath zu seh'n,
Die Heimath der Seele, so herrlich, so schön!
Jerusalem droben, von Golde erbaut,
Ist dieses die Heimath der Seele, der Braut?
Ja, ja, ja, ja! dieses allein
Kann Ruh'platz und Heimath der Seele nur
   ein!

3. Wie selig die Ruhe bei Jesus im Licht!
Tod, Sünde und Schmerzen, die kennt man
   dort nicht;
Das Rauschen der Harfen, der liebliche Klang
Bewillkommt die Seele mit süßem Gesang.
Ruh', Ruh', Ruh', Ruh'! himmlische Ruh'
Im Schooße des Mittlers, ich eile dir zu!

4. Bei aller Verwirrung und Klage allhier
Ist mir, o mein Heiland, so wohl stets bei dir!
Im Kreise der Deinen sprichst: Friede! du aus,
Da bin ich in deiner Gemeinschaft zu Haus.
Heim, heim, heim, heim, ach ja nur heim!
O komme, mein Heiland, und hole mich heim.

241. Der Pilger aus der Ferne.

1. Der Pilger aus der Ferne
   Zieht seiner Heimath zu.
   Dort leuchten seine Sterne,
   Dort sucht er seine Ruh'.

2. Sein Sehnen geht hinüber;
   Sein Liebstes liegt im Grab.
   Die Blumen wachsen drüber,
   Die Blumen welken ab.

3. In Königsstädten schimmert
   Des Goldes reiche Pracht,
   Und morgen sind zertrümmert
   Die Städte und die Macht.

4. Die Ströme zieh'n hinunter
   In's wogenreiche Meer;
   Die Welle geht drin unter,
   Man sieht sie nimmermehr.

5. Wer von dem Honigseime
   Der Ewigkeit geschmeckt,
   Der Pilger ist daheime
   Nur, wenn das Grab ihn deckt.

6. Drum weckt ihn auch hienieden
Das Heimweh früh und spät,
Er sucht dort oben Frieden,
Wohin sein Sehnen geht.

242. Denk' ich an jene Himmelschöre.

1. Denk' ich an jene Himmelschöre,
Die vor dem Thron der Dreiheit sind
Zu Gottes und des Lammes Ehre
||: In ew'gem Loben angezünd't, :||
So wünscht mein Herz: o hört' ich nah',
||: Was ich hier glaub' — o wär' ich da. :||

2. Zweihundert acht und achtzig Meister
Setzt' Salomo im Tempel ein,
Doch werden der Gerechten Geister
||: Viel mehr und viel gelehrter sein; :||
Klang jenes schön, so klinget ja
||: Dies herrlicher — o wär ich da. :||

3. Sie spielten alle auf den Harfen,
Ja, Gottesharfen spielten sie.
Auch die die Kronen niederwarfen,
||: Die Aelt'sten sah Johannes hie. :||
Les' ich nun dies, was Jener sah,
||: So ist mein Wunsch — o wär' ich da. :||

4. Indessen sing' ich unter Thränen
Gott und dem Lamm ein irdisch Lied;
Die Zeit kommt doch nach meinem Sehnen,
||: Daß Gott mich zum Gesang auch zieht. :||
Hier heißt der Text: O wär' ich da!
||: Dort sing' ich mit: Hallelujah! :||

243. Jedwedem Kinde, klein und schwach.

1. Jedwedem Kinde, klein und schwach,
Im Schloß und in der Hütte,
Folgt leis' ein Engel Gottes nach
‖: Und leitet's Schritt vor Schritt, :‖
Und gibt bei Tage wie bei Nacht
‖: In Liebe auf die Kindlein Acht. :‖

2. Der Engel hat von Gott Befehl,
Das Kindlein zu bewahren,
Und seinen Leib und seine Seel'
‖: Zu schützen vor Gefahren. :‖
Das thut der Engel treu nach Pflicht
‖: Und weichet von dem Kindlein nicht.

3. Ein frommes Kind, das beten lernt,
Sich im Gehorsam übet,
Den Eigensinn von sich entfernt,
‖: Die Eltern herzlich liebet, :‖
Das liebt der Heiland gar so sehr
‖: Und schickt den Engel zu ihm her. :‖

4. Drum, Kinder, nehmt der Engel wahr,
Die immer euch umgeben.
Bedenket stets, die Engelschaar
‖: Sieht euer ganzes Leben, :‖
Und will sich ewig mit euch freu'n,
‖: Wollt ihr recht fromme Kinder sein. :‖

244. Sammeln wir am Strom uns alle?

1. Sammeln wir am Strom uns alle,
Wo die Engel warten schon,
Und die Wasser wie Krystalle
Fließen hin vor Gottes Thron?
Ja, wir sammeln uns am Strome,
Dem herrlichen, dem herrlichen Strome,
Sammeln uns am Lebensstrome,
Der fließt vor Gottes Thron.

2. Dort, wo an des Stroms Gestade
Sich die Silberwelle bricht,
Preisen ewig wir die Gnade
An dem Tag voll Glanz und Licht.
Ja, wir 2c.

3. Ehe wir zum Strom gelangen,
Legen jede Last wir hin,
Dort als Sieger zu empfangen
Kron' und Purpur zum Gewinn.
Ja, wir 2c.

4. In des Stromes hellem Spiegel
Nimmt man Jesu Antlitz wahr,
Und des Todes Schloß und Riegel
Trennt da nicht der Heil'gen Schaar.
Ja, wir 2c.

5. An den Silberstrom im Leben
Schließt sich unser Pilgerlauf,
Und des Herzens heilig Beben
Geht in Wonnejubel auf.
Ja, wir 2c.

245. Ich wär' so gern ein Engel.

1. Ich wär' so gern ein Engel
In jenem sel'gen Land,
Gekrönt auf meinem Haupte,
Die Harfe in der Hand.
Dort vor des Heilands Throne
In himmlisch hoher Pracht
Möcht' ich mit sel'gen Geistern
Ihn preisen Tag und Nacht.

2. Zwar bin ich schwach und sündlich,
Doch Jesus macht mich reich;
So manches kleine Kindlein
Hat er in seinem Reich.
Drum, theurer Heiland, halte
Du mich in deiner Hand,
Und wenn ich einst erkalte,
Trag' mich zum Himmelsland.

3. Dort werd' ich sein ein Engel
In jenem sel'gen Land,
Die Krone auf dem Haupte,
Die Harfe in der Hand.
Ja dort, mein Herr und König,
Wenn du mich heimgebracht,
Will ich mit sel'gen Geistern
Dich preisen Tag und Nacht.

216. Seh'n wir uns wohl einmal wieder?

(Von einem Doppelchor zu singen.)

1. Seh'n wir uns wohl einmal wieder
Dort im hellen ew'gen Licht,
Wo kein Schmerz uns mehr drückt nieder
Dort vor Jesu Angesicht?
Seh'n wir uns, seh'n wir uns, seh'n wir uns,
Seh'n wir uns wohl einmal wieder
Dort im hellen ew'gen Licht?

2. Seh'n wir uns als Gotteskinder
Nach des Lebens stürm'scher Fahrt
In dem Land der Ueberwinder,
Um des Lammes Thron geschaart?
Seh'n wir uns u. s. w.

3. Werden wir die Stadt auch sehen,
Von Krystall und Gold erbaut?
Dürfen wir dort wohl eingehen,
Wo man Gottes Antlitz schaut?
Werden wir u. s. w.

4. Hören wir dann auch die Chöre
Der erlösten Jubelschaar,
Wenn sie bringen Preis und Ehre
Gott, dem Herrn, anbetend dar?
Hören wir u. s. w.

5. Nur noch Eins, das macht mir Schmerzen:
Treffen wir die Unsern dort?
Ach, wie liegt es uns am Herzen:
Sind sie auch am sel'gen Ort?
Nur noch Eins u. s. w.

Ja gewiß, wir seh'n uns wieder.

1. Ja gewiß, wir seh'n uns wieder
In dem Land der Herrlichkeit,
Singen selig unsre Lieder,
Wenn wir recht gekämpft im Streit;
Ja gewiß, ja gewiß, ja gewiß,
Ja gewiß, wir seh'n uns wieder
In dem Land der Herrlichkeit.

2. Ja, wir seh'n die Gotteskinder
An des Lebens sel'ger Fluth
Und die Schaar der Ueberwinder
Durch des Lammes heil'ges Blut!
Ja, wir seh'n u. s. w.

3. Ja, wir zieh'n, vom Herrn geleitet,
Ein in jene Gottesstadt,
Wo den Sel'gen ist bereitet,
Was kein Aug' gesehen hat.
Ja, wir zieh'n u. s. w.

4. Ja noch mehr, wer kann es sagen?
Wir seh'n Jesum, Gottes Sohn,
Und wir werden mit ihm tragen
Dort des ew'gen Lebens Kron'.
Ja, noch mehr u. s. w.

5. Ja, wir seh'n auch all die Lieben,
Die gestorben in dem Herrn
Und längst warten auf uns drüben
In dem Lande weit und fern.
Ja, wir seh'n u. s. w.

6. Darum kommt und laßt uns eilen
Zu des Lebens heil'ger Fluth!
Jesus will uns retten, heilen,
Daß wir's haben ewig gut!
Darum kommt u. s. w.

247. Unter Lilien jener Freuden.

1. Unter Lilien jener Freuden
Sollst du weiden,
Seele, schwinge dich empor!
Wie ein Adler fleuch behende;
Jesu Hände
Oeffnen schon das Perlenthor.

2. Löse, erstgeborner Bruder,
Doch die Ruder
Meines Schiffleins; laß mich ein
In den sichern Friedenshafen
Zu den Schafen,
Die der Furcht entrücket sein!

3. O wie bald kannst du es machen,
Daß mit Lachen
Unser Mund erfüllet sei!
Du kannst durch des Todes Thüren
Träumend führen
Und machst uns auf einmal frei.

4. Du hast Sünd' und Straf' getragen;
Furcht und Zagen
Muß nun ferne von mir geh'n.

Tod, dein Stachel liegt darnieder:
Meine Glieder
Werden fröhlich auferſteh'n.

5. Herzensfreund, dich will ich loben
Hier und droben
In der zart'ſten Liebsbegier.
Du haſt dich zum ew'gen Leben
Mir gegeben.
Hole mich, mein Herr, zu dir!

248. Mag auch die Liebe weinen.

1. Mag auch die Liebe weinen,
Es kommt ein Tag des Herrn.
||: Nach dunkler Nacht erſcheinen
Muß einſt ein Morgenſtern :||

2. Mag auch der Glaube zagen,
Ein Tag des Lichtes naht.
||: Nach Dämm'rung muß es tagen,
Zur Heimath führt ſein Pfad. :||

3. Mag Hoffnung auch erſchrecken,
Mag jauchzen Grab und Tod,
||: Die Schlummernden muß wecken
Ein ſel'ges Morgenroth. :||

249. Tod, mein Hüttlein kannſt du brechen.

1. Tod, mein Hüttlein kannſt du brechen,
Das ein Werk von Leimen iſt,

Aber du haft nichts zu rächen,
Meine Schulden sind gebüßt;
Ja gebüßt, doch nicht von mir,
‖: Nein, der Mittler starb dafür. :‖

2. Ja, er ist auch auferstanden,
Mir auch zur Gerechtigkeit;
Unter Christi Blutsverwandten
Ist mir eine Stell' bereit't.
Jesus ging mit Blut hinein,
‖: Wo auch ich soll lebend sein. :‖

3. Dies ist meiner Seele Anker,
Der hält meinen Glauben fest;
Wenn mein Leib schon als ein Kranker
Sich der Fäulniß überläßt.
Jesus lebt, so leb' auch ich,
‖: Und mein Herr verkläret mich. :‖

4. Wirf' es, o du Geist des Glaubens,
Daß ich muthig sterben kann,
Die Verheißungen erlauben's,
Die der Heiland uns gethan.
Wer gerecht ist, stirbt nicht mehr,
‖: Denn durch Christum lebet er. :‖

5. Steh' mir in den Todesstunden,
Jesu, treuer Mittler, bei,
Daß mein End' auf deine Wunden
Mehr ein Schlaf als Sterben sei.
Gib mir dort ein weißes Kleid,
‖: Welches ist Gerechtigkeit. :‖

250. Sink' in deines Gottes Frieden.

1. Sink' in deines Gottes Frieden
In dein Ruhekämmerlein.
Nun hat Jesus dir beschieden,
Ganz bei ihm daheim zu sein,
Und in unsrer Lieben Näh'
‖: Auszuschlafen all dein Weh. :‖

2. Heil ihm, der dich uns gegeben,
Der dich uns genommen hat!
Er bleib' unser Licht und Leben,
Bis wir schau'n die goldne Stadt,
Wo das Alte neu erscheint,
‖: Wo man ewig nicht mehr weint. :‖

251. Nun bringen wir den Leib zur Ruh'.

1 Nun bringen wir den Leib zur Ruh'
Und decken ihn mit Erde zu,
Den Leib, der nach des Schöpfers Schluß
Zu Staub und Erde werden muß.

2. Er bleibt nicht immer Asch' und Staub,
Nicht immer der Verwesung Raub;
Er wird, wann Christus einst erscheint,
Mit seiner Seele neu vereint.

3. Hier, wo wir bei den Gräbern steh'n,
Soll Jeder zu dem Vater fleh'n:
Ich bitt', o Gott, durch Christi Blut:
Mach's einst mit meinem Ende gut!

4. Wann unser Lauf vollendet ist:
So sei uns nah', Herr Jesu Christ!
Mach' uns das Sterben zum Gewinn;
Zeuch unsre Seelen zu dir hin!

5. Und wann du einst, o Lebensfürst,
Die Gräber mächtig öffnen wirst,
Dann laß uns fröhlich aufersteh'n,
Und ewiglich dein Antlitz seh'n!

252. Wie sie so sanft ruh'n.

1. Wie sie so sanft ruh'n,
Alle die Seligen,
Die gläubig kämpften den großen Lebens=
Wie sie so sanft ruh'n   [kampf!
In den Gräbern,
Bis einst sie herrlich erwecket werden.

2. Du Herr, Versöhner,
Ward'st auch in's Grab versenkt,
Da du am Kreuze für uns den Kampf voll=
Nicht zum Verwesen   [bracht;
Lagst du, Heil'ger,
Am großen Feste erstand'st du wieder!

3. O wenn auch wir nun,
Wie all die Seligen,
Mit dir bestehen den schweren Lebenskampf,
Dann wirst, Erlöser,
Du uns rufen
Aus unsern Gräbern zum ew'gen Feste.

253. So geh' nun hin, dem Grabe zu.

1. So geh' nun hin, dem Grabe zu,
Du liebes Kindlein hold und fein;
Geh' hin und schlaf' in stiller Ruh'
In deinem engen Kämmerlein.
Schlaf', bis der Todten Schaar erwacht,
Schlaf sanft, schlaf' sanft, viel tausend
gute Nacht.

2. Wohl dir, du schlossest früh den Lauf
In diesem armen Fremdlingsland;
Die Seele eilte himmelauf
Zu ruhen in des Herren Hand.
Schlaf', bis der 2c.

3. Ihr Engel, stehet um die Gruft,
Bewahret freundlich dies Gebein,
Bis dermaleins die Stimme ruft:
„Komm' her, mein Kind, ach komm' herein!"
Schlaf', bis der 2c.

254. Aufersteh'n, ja aufersteh'n.

1. Aufersteh'n, ja aufersteh'n wirst du,
Mein Staub, nach kurzer Ruh'!
Unsterblich Leben
Wird, der dich schuf, dir geben!
||: Hallelujah! :||

2. Wieder aufzublüh'n werd' ich gesä't,
Der Herr der Ernte geht

Und sammelt Garben
Uns ein, die in ihm starben.
||: Hallelujah! :||

3. Tag des Danks, der Freudenthränen Tag,
Du meines Gottes Tag!
Wenn ich im Grabe
Genug geschlummert habe,
||: Erweckst du mich. :||

4. Wie den Träumenden wird's dann uns sein,
Mit Jesu geh'n wir ein
Zu seinen Freuden;
Der müden Pilger Leiden
||: Sind dann nicht mehr. :||

5. Ach, in's Allerheiligste führt mich
Mein Mittler; dann leb' ich
Im Heiligthume
Zu seines Namens Ruhme.
||: Hallelujah! :||

255. Wenn die liebe Sonne.

1. Wenn die liebe Sonne
Morgens früh aufgeht,
Jedes liebe Kindlein
Dankt und lobt und fleht.

2. Ich will dir auch danken,
Jesu, treuer Hirt,
Der sein Schäflein weiden
Und auch führen wird.

3. Will dich herzlich bitten:
Bleibe doch bei mir
Heut' am ganzen Tage,
Daß ich folge dir.

4. Wenn du bei mir wohnest,
Kann nicht bös' ich sein,
Kann mich schon auf Erden
Mit den Engeln freu'n.

5. Wenn die liebe Sonne
Abends schlafen geht,
Jedes liebe Kindlein
Wieder dankt und fleht.

6. Und du bleibest bei ihm,
Liebes Jesulein:
Wachend oder schlafend
Läßt du's Deine sein.

256. Kleine Tropfen Wasser.

1. Kleine Tropfen Wasser,
Kleine Körner Sand
Bilden große Meere
Und das weite Land.

2. Kleine Augenblicke
In der raschen Zeit
Machen lange Jahre,
Selbst die Ewigkeit.

3. Kleine Fehler leiten
Gar zu leicht den Sinn
Von dem Pfad der Tugend
Zu der Sünde hin.

4. Kleine gute Thaten,
   Kleine Liebeswort'
   Machen diese Erde
   Fast zur Himmelspfort'.

5. Kleine Liebesgaben
   Aus der Kinder Hand
   Segnen ganze Völker
   Fern im Heidenland.

257 Gott des Himmels und der Erden.

1. Gott des Himmels und der Erden,
   Vater, Sohn und heil'ger Geist,
   Der es Tag und Nacht läßt werden,
   Sonn' und Mond uns scheinen heißt,
   Dessen starke Hand die Welt
   Und was drinnen ist, erhält!

2. Gott, ich danke dir von Herzen,
   Daß du mich in dieser Nacht
   Vor Gefahr, Angst, Noth und Schmerzen
   Hast behütet und bewacht,
   Daß des bösen Feindes List
   Mein nicht mächtig worden ist.

3. Führe mich, o Herr, und leite
   Meinen Gang nach deinem Wort;
   Sei und bleibe du auch heute
   Mein Beschützer und mein Hort!
   Nirgends, als in dir allein,
   Kann ich recht bewahret sein.

4. Meinen Leib und meine Seele
Sammt den Sinnen und Verstand,
Großer Gott, ich dir befehle
Unter deine starke Hand;
Herr, mein Schild, mein' Ehr' und Ruhm.
Nimm mich auf, dein Eigenthum!

5. Deinen Engel zu mir sende,
Der des bösen Feindes Macht,
List und Anschlag von mir wende,
Und mich halt' in guter Acht;
Der mich endlich auch zur Ruh'
Trage deinem Himmel zu.

258. Aus meines Herzens Grunde.

1. Aus meines Herzens Grunde
Sag' ich dir Lob und Dank
In dieser Morgenstunde,
Dazu mein Lebenlang,
O Gott, in deinem Thron,
Dir zu Lob, Preis und Ehren,
Durch Christum, unsern Herren,
Dein'n eingebornen Sohn.

2. Daß du mich hast aus Gnaden
In der vergang'nen Nacht
Vor G'fahr und allem Schaden
Behütet und bewacht.
Ich bitt' demüthiglich,
Woll'st mir mein' Sünd' vergeben,
Womit in diesem Leben
Ich hab' erzürnet dich.

3. Laß deinen Engel bleiben
Und weichen nicht von mir,
Den Satan zu vertreiben,
Auf daß der bös' Feind hier
In diesem Jammerthal'
Sein' Tück' an mir nicht übe,
Leib und Seel' nicht betrübe,
Und bring' mich nicht zu Fall'.

259. Seht, wie die Sonne dort sinket.

1. Seht, wie die Sonne dort sinket
Hinter dem nächtlichen Wald;
Glöcklein uns Ruhe schon winket,
Hört nur, wie lieblich es schallt.
Hört ihr das Glöcklein? Es läutet so schön,
Ladet uns heimwärts zur Ruhe zu geh'n.
Läute, mein Glöcklein, nur zu,
Läute zur stillen Ruh'.

2. Hört ihr das Glöcklein von ferne?
Fühlt ihr der Abendluft Weh'n?
Feierlich glänzen die Sterne,
Lasset zur Heimath uns geh'n!
Liebliches Glöcklein u. s. w.

3. Laßt uns beim traulichen Klange
Preisen die Hülfe des Herrn!
Lobet mit frohem Gesange
Ihn, der uns segnet so gern!
Liebliches Glöcklein u. s. w.

4. Allen den Lieben, die heute
Thränen des Leides geseh'n,
Werde das stille Geläute
Tröster aus himmlischen Höh'n.
Liebliches Glöcklein u. s. w.

5. Und wie der Klang nun verklinget,
Wird auch verhallen der Schmerz;
Kommt doch ein Abend und bringet
Frieden für jegliches Herz.
Liebliches Glöcklein u. s. w.

260. Müde bin ich, geh' zur Ruh'.

1. Müde bin ich, geh' zur Ruh',
Schließe meine Augen zu,
Vater, laß die Augen dein
Ueber meinem Bette sein.

2. Hab' ich Unrecht heut' gethan,
Sieh es, lieber Gott, nicht an,
Deine Gnad' und Jesu Blut
Machen allen Schaden gut.

3. Alle, die mir sind verwandt,
Gott, laß ruh'n in deiner Hand,
Alle Menschen groß und klein
Laß dir, Herr, befohlen sein.

4. Kranken Herzen sende Ruh',
Nasse Augen trockne du,
Laß in deiner Engel Wacht
Sanft uns ruh'n in dieser Nacht!

261. Bald ist es wieder Nacht.

1. Bald ist es wieder Nacht,
   Ja wieder Nacht,
   Mein Bettlein ist gemacht.
   Drein will ich mich legen
   Wohl mit Gottes Segen,
   Weil er die ganze Nacht,
   Die ganze Nacht,
   Gar treulich mich bewacht.

2. Da schlaf' ich fröhlich ein,
   Ja fröhlich ein,
   Gar sicher kann ich sein.
   Vom Himmel geschwinde
   Komm'n Engelein linde
   Und decken still mich zu,
   Ja still mich zu,
   Und schützen meine Ruh'.

3. Und wird's dann wieder hell,
   Ja wieder hell,
   Da wecken sie mich schnell;
   Dann spring' ich so munter
   Vom Bettlein herunter.
   Hab Dank, Gott Vater, du!
   Gott Vater, du!
   Ihr Engelein dazu!

262. Nun ruhen alle Wälder.

1. Nun ruhen alle Wälder,
   Vieh, Menschen, Städt' und Felder,

Es schläft die ganze Welt.
Ihr aber, meine Sinnen,
Auf, auf! ihr sollt beginnen,
Was eurem Schöpfer wohlgefällt.

2. Der Leib eilt nun zur Ruhe,
Legt Kleider ab und Schuhe,
Das Bild der Sterblichkeit;
Die zieh' ich aus, dagegen
Wird Christus mir anlegen
Das Kleid der Ehr' und Herrlichkeit.

3. Die Augen steh'n verdrossen,
Im Nu sind sie geschlossen;
Wo bleibt dann Leib und Seel'?
Nimm sie zu deinen Gnaden,
Sei gut für allen Schaden,
Du Aug' und Wächter Israel!

4. Breit' aus die Flügel beide,
O Jesu, meine Freude,
Und nimm dein Küchlein ein!
Will mich der Feind verschlingen,
So laß die Engel singen:
Dies Kind soll unverletzet sein.

5. Auch euch, ihr meine Lieben,
Soll heute nicht betrüben
Ein Unfall noch Gefahr!
Gott laß euch ruhig schlafen,
Stell' auch die güldnen Waffen
Um's Bett und seiner Engel Schaar.

263. Meinen Heiland im Herzen.

1. Meinen Heiland im Herzen,
Da schlaf' ich so süß,
‖: Da träum' ich so selig vom Paradies. :‖

2. Meinen Heiland im Auge,
Da schreckt mich kein Feind,
‖: Er bleibet dem betenden Kind' vereint. :‖

3. Meinen Heiland im Sinne,
Bleibt Böses mir fern,
‖: Die Sünde entweichet vor Gott, dem
Herrn. :‖

4. Drum will ich ihn halten
Fest, fest und getreu;
‖: Mein Vater im Himmel, o steh' mir bei! :‖

264. Freuet euch der schönen Erde.

1. Freuet euch der schönen Erde,
Denn sie ist wohl werth der Freud'.
O was hat für Herrlichkeiten
Unser Gott da ausgestreut.

2. Und doch ist sie seiner Füße
Reichgeschmückter Schemel nur,
Ist nur eine schön begabte,
Wunderreiche Kreatur.

3. Freuet euch an Mond und Sonne
Und den Sternlein allzumal,

Wie sie wandeln, wie sie leuchten
Ueber unserm Erdenthal.

4. Und doch sind sie nur Geschöpfe
Von des höchsten Gottes Hand,
Hingesä't auf seines Thrones
Weites, glänzendes Gewand.

5. Wenn am Schemel seiner Füße
Und am Thron schon solcher Schein,
O was muß an seinem Herzen
Erst für Glanz und Wonne sein!

265. Irdisch Brod und himmlisch Leben.

1. Irdisch Brod und himmlisch Leben
Gibst du uns, Herr Jesu Christ!
Lehr' uns freudig dich erheben,
Der du unser Alles bist.

2. Dankbar sind dir unsre Herzen,
Du hast uns gesättigt nun.
Laß in Arbeit, Freud' und Schmerzen
Uns in deiner Liebe ruh'n.

266. Wo wohnt der liebe Gott?

1. Wo wohnt der liebe Gott?
Sieh dort den blauen Himmel an,
Wie fest er steht so lange Zeit,
Sich wölbt so hoch, sich streckt so weit,

Daß ihn kein Mensch erfassen kann,
Und sieh der Sterne goldnen Schein
Gleich als viel tausend Fensterlein:
Das ist des lieben Gottes Haus,
Da wohnt er drin und schaut heraus,
Und schaut mit Vateraugen nieder
Auf dich und alle deine Brüder.

2. Wo wohnt der liebe Gott?
Hinaus tritt in den dunkeln Wald;
Die Berge sieh zum Himmel geh'n,
Die Felsen, die wie Säulen steh'n,
Der Bäume ragende Gestalt;
Horch, wie es in den Wipfeln rauscht,
Horch, wie's im stillen Thale lauscht.
Dir schlägt das Herz, du merkst es bald,
Der liebe Gott wohnt in dem Wald;
Dein Auge zwar kann ihn nicht sehen,
Doch fühlst du seines Odems Wehen.

3. Wo wohnt der liebe Gott?
Die ganze Schöpfung ist sein Haus.
Doch wenn es ihm so wohlgefällt,
So wählet in der weiten Welt
Er sich die engste Kammer aus.
Wie ist der Menschen Herz so klein,
Und doch auch da zieht Gott herein.
O halt' das deine fromm und rein,
So wählt er's auch zur Wohnung sein.
Und kommt mit seinen Himmelsfreuden
Und wird nie wieder von dir scheiden.

267. Wir pflügen und wir streuen.

1. Wir pflügen und wir streuen
Den Samen auf das Land,
Doch Wachsthum und Gedeihen
Steht in des Höchsten Hand.
Er sendet Thau und Regen
Und Sonn= und Mondenschein,
Von ihm kommt aller Segen,
Von unserm Gott allein.
Alle gute Gabe
Kommt her von Gott dem Herrn,
‖: Drum dankt ihm, dankt :‖
Und hofft auf ihn.

2. Was nah ist und was ferne,
Von Gott kommt Alles her;
Der Strohhalm und die Sterne,
Das Sandkorn und das Meer;
Von ihm sind Büsch' und Blätter,
Und Korn und Obst von ihm;
Das schöne Frühlingswetter
Und Schnee und Ungestüm.
Alle gute Gabe 2c.

3. Er läßt die Sonn' aufgehen,
Er stellt des Mondes Lauf;
Er läßt die Winde wehen
Und thut die Wolken auf.
Er schenkt uns so viel Freude,
Er macht uns frisch und roth;

Er gibt dem Viehe Weide
Und seinen Menschen Brod.
Alle gute Gabe 2c.

268. Frisch in die weite Welt.

1. Frisch in die weite Welt, jugendlich Blut!
Frei unterm Himmelszelt wächst dir der Muth.
Dir gehört Wald und Flur, wahre die Freude
    nur;
Hell aus der vollen Brust töne dein Lied!

2. Tief in der Wälder Grün labet die Ruh'.
Rehlein wird selber kühn, horchet dir zu.
Grüßend am Quellenrand halten dir Vöglein
    Stand,
Tragen mit hellem Klang weiter dein Lied.

269. O wie ist die Welt so schön.

1. O wie ist die Welt so schön
In dem Frühlingskleide!
In den Thälern, auf den Höh'n
Leben, Friede, Freude!
Süße Düfte, Vogelsang,
Stimmet ein mit Harfenklang.

2. Singt ein heilig Lied dem Herrn,
Da im Brautgewande
Prangen Fluren nah' und fern;
Jauchzt ihm alle Lande!
Wo sein Lebensodem weht,
Alles neu verjüngt ersteht.

3. Ja, die schöne Wunderwelt
Preis't des Schöpfers Ehre;
An dem hohen Sternenzelt
Jauchzen seine Heere.
Tag verkündigt's froh dem Tag,
Und die Nacht, sie singt es nach.

4. Darum soll auch Preis und Dank
Meine Seele bringen,
Und den heil'gen Lenzgesang
Meinem Schöpfer singen.
Ist die Erde schon so schön,
Was wird's sein in Himmelshöh'n!

270. Bunt sind schon die Wälder.

1. Bunt sind schon die Wälder,
Gelb die Stoppelfelder
Und der Herbst beginnt;
Rothe Blätter fallen,
Graue Nebel wallen,
Kühler weht der Wind.

2. Wie die volle Traube
Aus dem Rebenlaube
Mannigfaltig strahlt!
Auf dem Baume reifen
Pfirsiche mit Streifen
Roth und weiß bemalt.

3. Sieh, wie hier die Dirne
Emsig Pflaum' und Birne
In ihr Körbchen legt;

Dort mit leichten Schritten
Aepfel, gold'ne Quitten
In die Hütte trägt!

4. O wie strömt dein Segen,
Vater, allerwegen!
Reichen Ueberschwang
Spenden deine Hände
Ohne Maß und Ende. —
Habe Preis und Dank!

5. Dank für alle Gaben,
Die du, uns zu laben,
Schenkst für unsre Noth!
Wollen dich nun loben
Hier und einstens droben,
Lieber Herr und Gott!

271. O seht, auf leisen Flügeln.

1. O seht, auf leisen Flügeln
Des Frühroths von den Hügeln
Kommt unser Feiertag in's Thal.
Wir wandeln ihm entgegen,
Er bringt uns Freud' und Segen
Und Laub und Blumen ohne Zahl.

2. Es schmücken sich die Auen,
Sein Angesicht zu schauen,
Ihn grüßt der Waldessänger Chor.
Die Lerch' am Himmel schwebet,
Und duftender erhebet
Die Blume selbst ihr Haupt empor.

3. Wir aber steh'n und loben
Den guten Vater droben;
Er ruft den Lenz, er schmückt die Flur.
Ist nicht die weite Erde
Ein Lamm von seiner Heerde?
Er leitet sie an seiner Schnur.

4. Die Stern' in hohen Räumen,
Die Blüthen auf den Bäumen
Sind alle seine Kinderschaar.
Er schaut mit Wohlgefallen
Hinab und reichet Allen
Die vollen Vaterhände dar.

5. Drum laßt uns hier im Freien
Ihm unsre Freude weihen,
Auch hier ist Gottes Heiligthum!
Ihn preisen Laub und Blüthe;
Verkünde seine Güte,
Mein Herz, lobsinge seinen Ruhm!

272. Kommt, laßt uns geh'n spazieren.

1. Kommt, laßt uns geh'n spazieren,
Kommt in den grünen Wald;
‖: Die Vögel musiciren,
Daß Berg und Thal erschallt. :‖

2. Auch uns laßt fröhlich singen,
Wie's Vöglein in der Luft,
‖: Daß unsre Lieder klingen
Durch Hain und Blüthenduft. :‖

3. Wohl dem, der frei kann singen,
Wie du, das Volk der Luft,
‖: Und seine Stimme schwingen
Zu dem, auf den er hofft! :‖

4. O wohl dem, der frei lebet
Wie du, du leichte Schaar,
‖: In Trost und Frieden schwebet
Und außer aller Fahr! :‖

273. In frischer Luft und Sonnenschein.

1. In frischer Luft und Sonnenschein
Da thut sich auf die Brust,
Und wird zum guten Sange rein
Und offen für die Lust,
Und weil das Auge sich erschwingt,
Erschwingt sich auch das Herz,
Und jubelt, wo die Lerche singt,
In Liedern himmelwärts.

2. Nun ja, wir haben auch daheim
Im Winter, trüb' und kalt,
Gesungen manchen guten Reim
Und Weisen mannigfalt;
Doch war's ein halbes Singen nur
Und nur ein halbes Glück;
Die Lieder klangen ohne Spur
Von tauber Wand zurück.

3. Wie schöner ist's im grünen Wald,
Wo's lustig weht und rauscht,

Wo uns vom stillen Aufenthalt
Die Nachtigall belauscht,
Wo uns mit manchem Zwischensang
Der Finken Schaar umschwärmt,
Wie schöner ist's mit Sang und Klang
Im grünen Wald gelärmt!

4. Die Bäume schütteln rings ihr Haupt
Und wundern sich gar sehr,
Sie hörten nie, seit sie belaubt,
Ein solches Singen mehr.
Wir aber zieh'n mit lautem Schall
Das grüne Thal entlang
Und horchen auf den Wiederhall,
Ob's gut und richtig klang.

274. Der Mai ist gekommen.

1. Der Mai ist gekommen, die Bäume
    schlagen aus,
Da bleibe, wer Lust hat, mit Sorgen zu Haus!
Wie die Wolken dort wandern am himmlischen
    Zelt,
So steht auch mir der Sinn in die weite, weite
    Welt.

2. Frisch auf drum, frisch auf drum im hel=
    len Sonnenstrahl,
Wohl über die Berge, wohl durch das tiefe
    Thal;
Die Quellen erklingen, die Bäume rauschen all;
Mein Herz ist wie 'ne Lerche und stimmet ein
    mit Schall.

3. O Wandern, o Wandern, du freie, frohe
    Lust!
Da weht Gottes Odem so frisch in die Brust;
Da singet und jauchzet das Herz zum Him-
    melszelt:
Wie bist du doch so schön, o du weite, weite
    Welt!

275. Wohlauf, noch gesungen.

1. Wohlauf, noch gesungen im trauten
    Verein!
Lebt wohl nun, ihr Lieben, geschieden muß
    sein!
‖: Lebt wohl nun, ihr Berge, du väterlich
    Haus!
Es treibt in die Ferne mich mächtig hinaus. :‖
‖: Juwivallera, Juwivallera, Juwivallerale-
    rallera. :‖

2. Die Sonne, sie bleibet am Himmel nicht
    steh'n,
Es treibt sie durch Länder und Meere zu geh'n,
‖: Die Woge nicht haftet am einsamen Strand.
Die Stürme, sie brausen mit Macht durch das
    Land. :‖
‖: Juwivallera u. s. w. :‖

3. Mit eilenden Wolken der Vogel dort zieht
Und singt in der Ferne ein heimathlich Lied;

‖:So treibt es den Wand'rer durch Wälder
und Feld,
Zu gleichen der Mutter, der wandernden
Welt.:‖
‖:Juwivallera u. s. w.:‖

4. Da grüßen ihn Vögel bekannt über'm
Meer,
Sie flogen von Fluren der Heimath hierher;
‖:Da duften die Blumen vertraulich um ihn,
Sie trieben vom Lande die Lüfte dahin.:‖
‖:Juwivallera u. s. w.:‖

5. Die Vögel, sie kennen sein väterlich
Haus;
Die Blumen einst pflanzt' er der Liebe zum
Strauß;
‖:Und Liebe, die folgt ihm, sie geht ihm zur
Hand;
So wird ihm zur Heimath das ferneste Land.:‖
‖:Juwivallera u. s. w.:‖

276. Ade, du liebes Waldesgrün.

1. Ade, du liebes Waldesgrün, ade, ade!
Ihr Blümlein mögt noch lange blüh'n, ade.
ade!
Mögt and're Wand'rer noch erfreu'n
Und ihnen eure Düfte weih'n, ade, ade!

2. Ade, du lieber Tannenwald, ade, ade!
Wie rief die Scheidestund' so bald, ade, ade!
Wie ist das Herz so trüb' und schwer,
Als rief's, du siehst ihn nimmermehr, ade, ade!

3. Und schied' ich auch auf Lebenslang,
      ade, ade!
O Wald, o Blum', o Vogelsang, ade, ade!
An euch, an euch zu aller Zeit
Gedenke ich in Freudigkeit, ade, ade!

277. In der Heimath ist es schön.

1. ‖: In der Heimath ist es schön,
      Auf der Berge lichten Höh'n. :‖
   Auf den schroffen Felsenpfaden,
   Auf der Fluren grünen Saaten,
   Wo die Heerden weidend geh'n;
   ‖: In der Heimath ist es schön. :‖

2. ‖: In der Heimath ist es schön,
      Wo die Lüfte sanfter weh'n, :‖
   Wo des Baches Silberwelle
   Murmelnd eilt von Stell' zu Stelle,
   Wo der Eltern Häuser steh'n,
   ‖: In der Heimath ist es schön. :‖